MARCO 🌐 POLO

W0046636

...eisen mit **Insider Tipps**

SRI LANKA

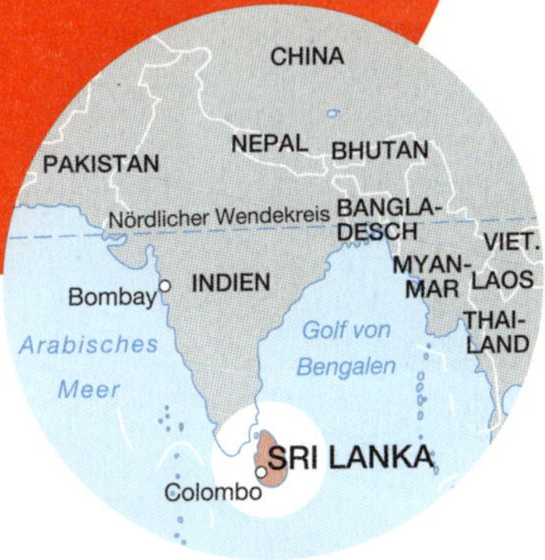

CHINA

PAKISTAN NEPAL BHUTAN

Nördlicher Wendekreis BANGLA-
DESCH VIET.

LAOS

Bombay INDIEN MYAN-
MAR

Arabisches Golf von
Meer Bengalen THAI-
LAND

SRI LANKA

Colombo

MARCO POLO Koautor
Martin H. Petrich

„Nicht einmal so groß wie Bayern bietet Sri Lanka
eine fantastische Vielfalt. Und stets ist ein Strand
nicht weit", meint der Studienreiseleiter und Rei-
sejournalist. Seit 1999 bereist der am Bodensee
geborene Wahlberliner die Tropeninsel und beschreibt ihre wunderbare Mischung aus Wildlife,
uralter Hochkultur, Traumstränden und herrlicher
Bergwelt.

www.marcopolo.de/sri-lanka

SYMBOLE

INSIDER TIPP   Insider-Tipp

★   Highlight

● ● ● ●   Best of …

☆   Schöne Aussicht

♻   Grün & fair: für ökologi-
sche oder faire Aspekte

(*)   kostenpflichtige
Telefonnummer

**PREISKATEGORIEN
HOTELS**

€€€   über 100 Euro

€€   50–100 Euro

€   bis 50 Euro

Die Preise gelten pro Nacht
für ein Doppelzimmer ohne
Frühstück

**PREISKATEGORIEN
RESTAURANTS**

€€€   über 12 Euro

€€   8–12 Euro

€   bis 8 Euro

Die Preise gelten für ein
dreigängiges Menü ohne
Getränke

Titelthemen: Bahnfahrt von Colombo nach Badulla S. 103 | Mit dem Rad durch Polonaruwa S. 83

INHALT

Das Kulturdreieck → S. 74

Die Ostküste → S. 88

Der Norden → S. 96

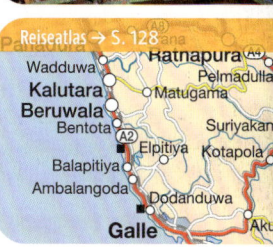
Reiseatlas → S. 128

GUT ZU WISSEN
Geschichtstabelle → S. 12
Spezialitäten → S. 26
Heiratsanzeigen → S. 37
Besuch in der Teefabrik
→ S. 70
Bücher & Filme → S. 87
Was kostet wie viel? → S. 120
Währungsrechner → S. 121
Wetter in Colombo → S. 122
Singhalesisch → S. 126

KARTEN IM BAND
(130 A1) Seitenzahlen
und Koordinaten verweisen
auf den Reiseatlas
(0) Ort/Adresse liegt außerhalb des Kartenausschnitts
Es sind auch die Objekte mit
Koordinaten versehen, die
nicht im Reiseatlas stehen
Karten von Colombo, Anur-
adhapura und Kandy im hinteren Umschlag

**UMSCHLAG HINTEN:
FALTKARTE ZUM
HERAUSNEHMEN →**

FALTKARTE 🗺
(🗺 A–B 2–3) verweist auf
die herausnehmbare Falt-
karte
(🗺 a–b 2–3) verweist auf
die Zusatzkarte auf der Faltkarte

Die besten MARCO POLO Insider-Tipps

Von allen Insider-Tipps finden Sie hier die 15 besten

INSIDER TIPP ▶ Nostalgisch-Stylish

Das Dutch Hospital in Colombo-Fort zählt zu den angesagten *locations* der Inselmetropole. Auf dem Gelände verteilen sich gute Restaurants, schicke Boutiquen und gemütliche Cafés → S. 35

INSIDER TIPP ▶ Treffen der Elefanten

Vor allem in den regenarmen Monaten Juli und August halten sich im Minneriya National Park rund um den Stausee über 150 Wildelefanten auf → S. 82

INSIDER TIPP ▶ Ziemlich fischig

Nichts für die Nase, dafür viel fürs Auge: Der täglich frühmorgens beginnende Fischmarkt von Negombo zählt zu den größten des Landes → S. 43

INSIDER TIPP ▶ Schwer im Trend: Wakeboarden

Den aufregenden Wassersport können Sie im Mündungsbereich des Ging Oya nördlich von Negombo ausprobieren → S. 45

INSIDER TIPP ▶ Delfine in Sicht

Im Meer vor der Halbinsel Kalpitiya tummeln sich Hunderte Delfine. Mit großem Glück sichten Sie dort auch Wale → S. 44

INSIDER TIPP ▶ Schildkröten am Strand

Am Strand von Rekawa landen fast jede Nacht Meeresschildkröten zur Eierablage. In dunklen Kleidern können Sie mit Naturschützern das Ereignis beobachten → S. 57

INSIDER TIPP ▶ Wo Alec Guinness baden ging

Der weltberühmte River-Kwai-Film mit Alec Guinness in der Hauptrolle wurde 1956 in Kitulgala gedreht. Jetzt können Sie dort durch den wilden Fluss raften → S. 69

INSIDER TIPP ▶ Made in Sri Lanka

Das Odel Luv SL im Queens Hotel an der Dalada Veediya in Kandy hält eine tolle Auswahl an schicken Kleiden, tollen Accessoires und bunten Souvenirs aus Sri Lanka für Sie bereit → S. 66

INSIDER TIP **Seenidylle**

Anuradhapura besticht durch seine Monumente – und durch seine stimmungsvollen Stauseen – den Wewas –, vor allem morgens und abends (Foto li.) → S. 79

INSIDER TIP **Fahrradtour**

Die Ruinenfelder von Polonnaruwa können Sie wunderbar mit dem Fahrrad erkunden. Starten Sie früh im nördlichen Teil. Dann haben Sie die berühmten Buddhas von Gal Vihara für sich → S. 83

INSIDER TIP **Ein Ort zum Träumen**

Die verwunschene Klosterruine in der idyllischen Landschaft bei Medirigiriya wird kaum besucht. Ein Highlight: der Rundtempel mit den hochragenden Säulen → S. 86

INSIDER TIP **Kulinarischer Chillout am Meer**

Das Boat Haus Café am Strand von Mount Lavinia ist eine gute Adresse für Seafood und der perfekte Ort zum Chillen → S. 43

INSIDER TIP **Per Bahn an die Ostküste**

Die Fahrt mit dem Zug durch das bergige Hochland ist zwar spektakulärer, aber auch die Strecke zwischen Habarana und Trincomalee bietet schöne Landschaftserlebnisse. Die Eisenbahn tuckert kilometerlang den Kaudulla National Park entlang → S. 93

INSIDER TIP **So weit das Auge reicht**

Kaum irgendwo sonst im Hochland haben Sie eine solch spektakuläre Aussicht von Ihrem Hotelzimmer aus wie im gemütlichen Bergort Ella. Im Zion View vereint sich der Panoramablick mit Wohnkomfort und srilankischer Gastfreundschaft → S. 61

INSIDER TIP **Bunte Vogelwelt**

Der Kumana National Park südlich der Arugam Bay zählt aufgrund seiner reichen Vogelwelt in den Lagunen und Seen zu den Hotspots für Ornithologen. Unter den 255 Arten finden sich auch Graupelikane und Riesenstörche → S. 91

BEST OF ...

TOLLE ORTE ZUM NULLTARIF
Neues entdecken und den Geldbeutel schonen

SPAREN

● *Dschungelfeeling im Kulturdreieck*

Im *Ritigala Strict Nature Reserve* lebten einst buddhistische Waldmönche. Heute liegen die Reste ihrer Einsiedelei mitten im dichten Dschungel. Genießen Sie die Atmosphäre, die bislang noch gratis ist → S. 82

● *Verwunschener Tempel*

Der *Nalanda Gedige*, ein über 1000 Jahre altes buddhistisches Heiligtum zwischen Matale und Dambulla, liegt idyllisch am Rand eines Stausees. Hier können Sie nicht nur die Landschaft genießen, sondern auch Ihren Geldbeutel schonen: Der Eintritt ist frei (Foto) → S. 81

● *Bunte Götterwelt*

Der *Sri Muthumariamman Thevasthanam* in Matale zählt zu den wichtigsten Hindutempeln der Region. Den Eintritt können Sie sich sparen. Interessant ist das Heiligtum vor allem außen, wo die Figuren an den Fassaden wie ein hinduistisches Bilderbuch wirken → S. 69

● *Tee probieren*

Anders als bei den meisten anderen Teeplantagen sind bei *Mackwoods* in Labookellie Führungen durch die Fabrik und der ausgeschenkte Tee kostenlos. Wer möchte, kann sich anschließend im Laden mit den schmackhaften Teesorten und Souvenirs eindecken → S. 65

● *Glitzernde Klunker*

Amethysten, Rubine oder Smaragde – das *Gem Bank & Gemmological Museum* hat funkelnde Versuchungen gleich dutzendfach. Auch wenn Ihr Schmuckkästchen schon prall gefüllt ist, werden Sie hier Ihre Freude haben – und nur Schauen kostet nichts → S. 73

● *Graue Riesen ganz gratis*

Wer Wildelefanten in den Nationalparks sehen möchte, muss beim Eintritt tief in die Tasche greifen. Anders im *Lahugala-Kitulana National Park*. Dort lassen sich die Dickhäuter bereits von der Nationalstraße A 4 aus ganz umsonst beobachten. Sie tummeln sich meist rund um die Stauseen → S. 91

TYPISCH SRI LANKA
Das erleben Sie nur hier

● *Sri Lanka auf der Zunge*

Ein erstes kulinarisches Highlight am Morgen liefert Ihnen ein typisch srilankisches Frühstück. Besonders leckere String Hoppers – das sind Nudelknäuel aus Reisteig –, diverse Currys und andere Leckereien gibt es im Veranda-Restaurant des *Galle Face Hotels* in Colombo → S. 41

● *Üppiges Tropenflair*

Die botanische Vielfalt der Tropeninsel können Sie ausgiebig bei einem Spaziergang durch den *Botanischen Garten von Peradeniya* in der Nähe von Kandy erleben. Auf dem 62 ha großen Gelände gedeihen über 4000 Pflanzenarten und 10 000 Baumriesen (Foto) → S. 69

● *Pilgerziel in luftiger Höhe*

Der *Adam's Peak* ist mit 2243 m zwar nicht der höchste, dafür aber der heiligste Gipfel Sri Lankas. Reihen Sie sich ein in den endlosen Strom von Pilgern, um von oben einen spektakulären Sonnenaufgang über der Berglandschaft zu sehen. Dafür müssen Sie jedoch bereits kurz nach Mitternacht aus den Federn → S. 71

● *Elefantenprozessionen im Winter*

Das gibt es alljährlich zum Januarvollmond im *Kelaniya Raja Maha Vihara*, einem buddhistischen Wallfahrtsort im Osten Colombos, und in der Vollmondnacht einen Monat später rund um das *Gangaramaya-Kloster* im Herzen der Inselmetropole → S. 38

● *Wandern ans Ende der Welt*

Auf den *Horton Plains*, einer Hochebene mit Unesco-Welterbestatus, können Sie durch eine eigentümliche Landschaft mit Rhododendrenbüschen und Baumfarnen wandern und von *World's End* bei klarer Sicht weit in die Ebene blicken → S. 72

● *Trommler zum Gebet*

Dreimal am Tag laden im berühmten *Zahntempel zu Kandy* die traditionell gekleideten Trommler zur einstündigen Zeremonie ein, bei der die Gläubigen in großer Andacht zum geöffneten Schrein im ersten Stock strömen, um die Reliquie – einen Eckzahn Buddhas – zu verehren → S. 64

TYPISCH

BEST OF ...

REGEN

● *Negombos uriges Kaffeehaus*

Wenn die Monsunwolken sich nähern, dann ist das *Icebear Century Café* in Negombo der perfekte Fluchtort, um in einem Kolonialbau bei Kaffee und Kuchen den Regenguss zu überstehen → **S. 43**

● *Shoppen im KCC*

Stöbern Sie im *Kandy City Centre (KCC)* in Filialen srilankischer Unternehmen, z. B. Odel, Hemeedia und Ranjanas nach Kleidung oder Vijitha Yapa Bookshop nach Literatur (Foto) → **S. 66**

● *Stilvoll abwettern im Hochland*

Das Wetter in Nuwara Eliya ist oft ziemlich britisch: regnerisch und kalt. In der *Road Hole Bar* von Jetwing St. Andrews können Sie beim knisternden Feuer sich entspannt den Whisky munden lassen und auf dem über 120 Jahre alten Billardtisch die Kugeln schieben → **S. 70**

● *Kunst und Kulinarisches*

Im *Serendipity Arts Café* in Galle wird nicht nur leckerer Kaffee zu schmackhaften Gerichten serviert, es gibt auch Bücher zum Schmökern und Kunstwerke zum Bestaunen. Da vergeht die Wartezeit bis zum nächsten Sonnenschein wie im Flug → **S. 51**

● *Zu Besuch bei Göttern*

Im Schatten der Monumente von Polonnaruwa wird das *Museum* von Touristen nur selten besucht. Zu Unrecht, denn es zeigt nicht nur die Bedeutung und Entwicklung der einstigen Königsstadt, sondern birgt auch wunderschöne Bronzestatuen von Hindugöttern → **S. 85**

● *Großes Kino im Regal*

Sie werden beim srilankischen Schmachtstreifen vermutlich kein Wort verstehen, aber die Atmosphäre im *Regal Cinema*, einem 1930er-Jahre-Kino, lässt Sie in die gute alte Zeit Colombos eintauchen → **S. 40**

ENTSPANNT ZURÜCKLEHNEN
Durchatmen, genießen und verwöhnen lassen

● **Ayurvedisch entspannen**
In den Filialen von *Spa Ceylon* können Sie sich in schönem Ambiente ayurvedisch verwöhnen lassen, hier wird jede Anwendung zum Ritual. Die Wellness- und Beautyprodukte sind ein tolles Mitbringsel → S. 40

● **Schlendern durchs Tropenidyll**
Der *Brief Garden* bei Bentota ist nicht nur ein Highlight für Botanikfreaks. Hier können Sie durch den lauschigen Garten spazieren und das Tropenfeeling genießen. Als Gast des 1992 verstorbenen Lebenskünstlers Bevis Bawa flanierten hier schon Laurence Olivier und Agatha Christie → S. 50

● **Urlaub mit Meditation**
Das *House of Lotus* in Dodanduwa, südlich von Hikkaduwa, ist der richtige Ort, Ihrem Urlaub eine spirituelle Note zu geben. Dazu gehören ein ausgewogenes Essen und Meditationskurse. Und auch der Strand ist gleich um die Ecke → S. 56

● **Ravanas heiße Tränen**
Wo einst der legendäre Dämonenherrscher Ravana aus dem Ramayana den Verlust der von ihm entführten Sita beweinte, sprudeln bei Trincomalee die *heißen Quellen von Kanniyai*. Den Einheimischen gilt das Wasser als heilbringend, und Ihnen schafft es Wohlergehen → S. 94

● **Fahrt durch die Lagune**
Lehnen Sie sich zurück, und genießen Sie bei einer Bootsfahrt durch die *Rathgama-Lagune* bei Dodanduwa die bunte Vogelwelt und intakte Mangrovenlandschaft. Besonders stimmungsvoll ist es am frühen Morgen oder zum Sonnenuntergang, wenn die Sonne die Seenlandschaft in sanfte Töne hüllt → S. 56

● **Buddha and I**
Die stehende, aus dem Felsen geschlagene *Buddhastatue von Aukana* zählt zu den Höhepunkten künstlerischer Schaffenskraft. Lassen Sie die Atmosphäre der Einkehr und Ruhe auf sich wirken (Foto) → S. 80

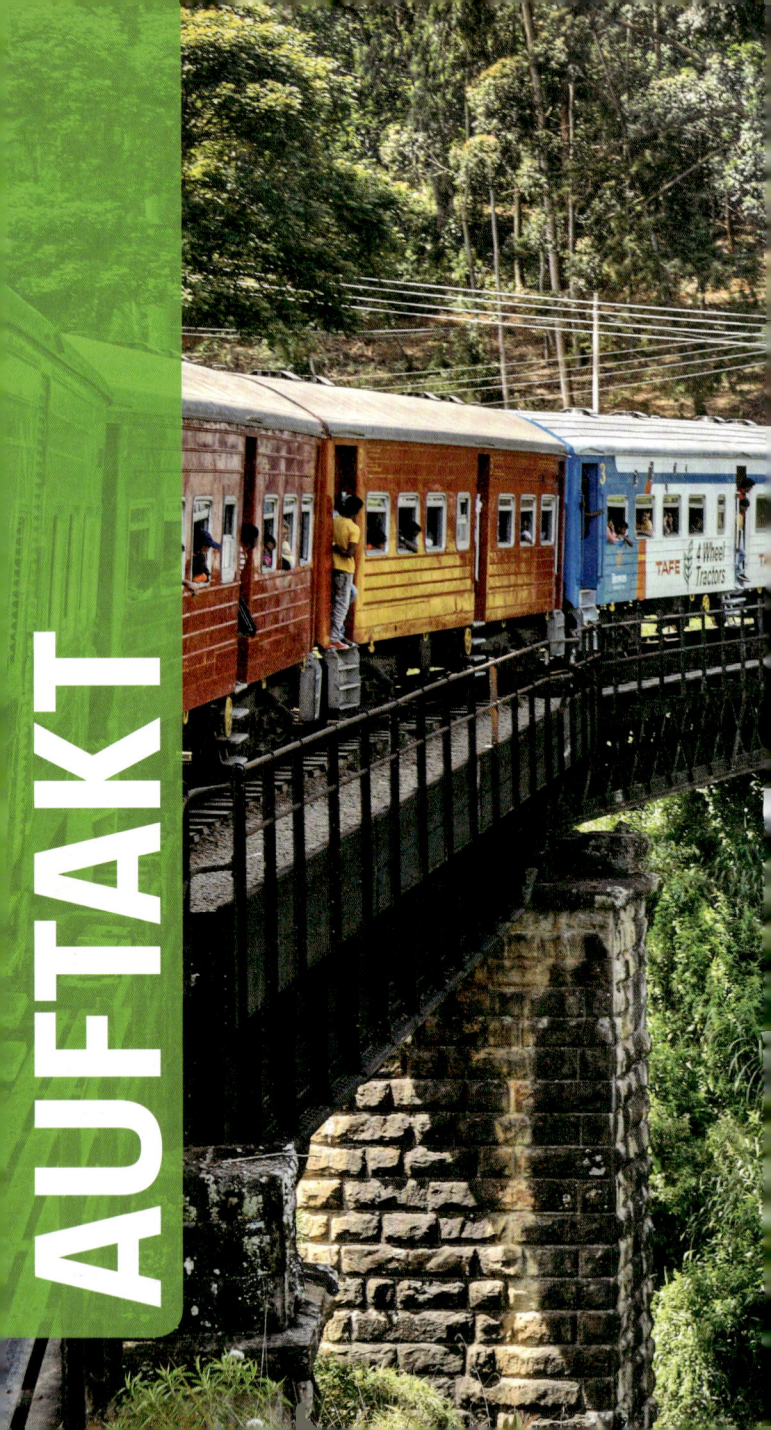

AUFTAKT

ENTDECKEN SIE SRI LANKA!

Wie ein tränenförmiger Smaragd, so wirkt es auf der Landkarte, hängt Sri Lanka am indischen Subkontinent. Keine 700 km vom Äquator entfernt vermischt sich auf der Tropeninsel das satte Grün der rauschenden Palmhaine und dichten Dschungelwälder mit dem leuchtenden Grün der Reisfelder und Teeplantagen. Keinem anderen Land der Welt haben Besucher schönere Namen verliehen: Als *Tabropana*, die Kupferfarbene, kannten sie schon die Römer vor gut 2000 Jahren, als *Serendib*, die Bezaubernde, beschrieben arabische Seefahrer das Eiland. *Sinhala dvipa*, die Löweninsel, wird sie in antiken Sanskritschriften genannt. Poetisch klingt auch der heutige Staatsname: Sri Lanka, die Ehrwürdige Schöne heißt die Insel seit 1972, während die Tamilen sie immer noch *Ilankai*, die Wundervolle, nennen.

Mit 65 525 km² nicht mal so groß wie Bayern entfaltet sich die legendäre Vielfalt der Insel zwischen dem Point Pedro im Norden und dem 435 km entfernten Dondra südlich von Matara. Von Ost bis West beträgt die Entfernung an der breitesten Stelle nur 225 km. Dazwischen liegt ein landschaftlicher Reichtum, der immer wieder erstaunt.

Bild: Zugfahrt durchs Bergland

Annäherung ans Paradies: von Palmen gesäumter Strand an der Westküste Sri Lankas

Entlang der über 1300 km langen Küste locken endlose Sandstrände und einsame Buchten, sich im Wind wiegende Kokospalmen und steile Felsenkliffe. Hier herrscht Badespaß das ganze Jahr: zwischen November und April im Westen und tiefen Süden, von Mai bis Oktober an der Ostküste, an der seit Ende des Bürgerkriegs immer mehr Unterkünfte entstehen. Ob schlichte Pensionen, noble Kolonialvillen oder schicke Resorts – an den kilometerlangen Stränden rund um das Eiland wird jeder fündig. In Mount Lavinia bei Colombo blickten schon die Beamten des britischen Empires sehnsüchtig aufs Meer, während Sri Lankas ältestes Seebad, Negombo, bereits Anfang der 1970er-Jahre europäische Urlauber in die Tropensonne lockte. Badeurlaub nach jedem Geschmack können Touristen entlang der sogenannten Goldene Küste zwischen Colombo und Galle machen. Hier kommen Wassersportler genauso auf ihre Kosten wie alle, die einfach nur ihre Seele baumeln lassen wollen. Wer sich aufraffen kann, wird es nicht bereuen, denn im Hinterland wartet so manches idyllische Kleinod,

seien es lauschige Lagunen, stille Seen oder verwunschene Tropengärten. Die Arugam Bay im Osten wiederum wirkt wie ein Magnet für Wellenreiter aus aller Welt, die Surfspots zählen in der Szene zu den besten Asiens. Wer schließlich abtauchen möchte, findet in den Tiefen des Indischen Ozeans fischreiche Riffs und geschichtsträchtige Wracks.

Doch damit nicht genug. In den vielen üppiggrünen Gärten haben Kardamomsträucher, Pfefferranken und Zimtbäume Sri Lankas Ruf als Gewürzinsel begründet, während Palmhaine, Reisfelder und Kautschukplantagen noch heute eine wichtige Rolle in der Landwirtschaft darstellen. „Wir finden hier das Paradies, die Fülle und Üppigkeit aller natürlichen Gaben", notierte euphorisch Hermann Hesse 1911 bei seinem Spaziergang in den Bergen. Wie der berühmte Dichter des „Siddharta" kommen auch heute noch Reisende bei ihrer Fahrt durch das Hochland ins Schwärmen: Teeplantagen, die sich wie ein grüner Teppich über die Berghänge legen, urige Bergorte wie Ella und Haputale, von denen sich herrliche Panoramablicke ergeben, erfrischende Wasserfälle wie die Dunhinda Falls oder wilde Flüsse wie in Kitulgala. Doch nicht nur landschaftlich sind die Berge ein Kontrastprogramm zur Küste, sondern auch klimatisch. Wer dorthin reist, sollte Windjacke und

Reisende geraten ins Schwärmen

Pullover immer griffbereit halten. Dank seiner Nationalparks ist Sri Lanka auch für Naturfreunde ein lohnenswertes Ziel. Wildelefanten am Stausee, Leoparden in der Savanne, Affenhorden zwischen Tempelruinen und Delfinschwärme im Meer begeistern bei so manchem Blick durch das Fernglas.

1658–1796	1802	1942	ab 1948	1956–59
Machtmonopol der holländischen Handelsgesellschaft V.O.C.; im Kernland Königreich Kandy	Die Insel wird zur British Crown Colony of Ceylon. Ausbau der Plantagenwirtschaft	Bombardierung Trincomalees durch japanische Truppen	Demokratie mit wechselnden Regierungen	Zunehmender singhalesischer Nationalismus auf Kosten der Tamilen

Im Kulturellen Dreieck erinnern die antiken Stätten an eine hochentwickelte, über 2300 Jahre alte Zivilisation. Sie brachte nicht nur steinerne Zeugnisse des Buddhismus hervor, sondern aufgrund der geringen Niederschläge in der Trockenzone auch ein ausgefeiltes Bewässerungssystem. Von den heute mehr als 33 000 Stauseen stammen noch viele aus der Zeit der alten Könige. „Kein noch so kleiner Regentropfen soll ins Meer fließen, ohne zuvor den Menschen zugute gekommen zu sein", war das Motto des großen Herrschers Parakramabahu aus dem 12. Jh., der tausende Kanäle und Reservoirs anlegen oder restaurieren ließ. Heute sind die Stauseen auch wichtige Biotope für Wasservögel und Wildelefanten. Viele von ihnen wie in jene Minneriya oder Kaudulla liegen inmitten von ausgedehnten Naturschutzgebieten.

Erinnerung an eine hochentwickelte Kultur

Wer durch die Ruinenfelder der einstigen Königsstädte Anuradhapura und Polonnaruwa wandelt oder die atemberaubende Bergfeste Sigiriya erklimmt, mag beim Anblick der Monumente einen Eindruck von der Kunstfertigkeit der frühen Inselbewohner bekommen. Bauchige Stupas – in Sri Lanka *Dagoba* genannt – erheben sich aus der weiten Ebene und erinnern an den schwierigen Weg vom Samsara zum Nirvana. Filigran gearbeitete Buddhastatuen verströmen eine innere Ruhe und Gelassenheit, die nicht nur gläubige Betrachter berührt. Mit ihren leuchtenden Farben begeistern die barbusigen Wolkenmädchen von Sigiriya schon seit über 1500 Jahren die Besucher. Einen völlig anderen, weniger kontemplativen Eindruck hinterlassen die kunterbunten Tempel der Hindus. Ihre steil aufragenden Tortürme sind über und über mit plastischen Darstellungen verziert und wirken wie ein Bilderbuch in 3-D-Format. Hier tummeln sich Götter und Göttinnen neben Dämonen und Fabeltieren aus der reichen hinduistischen Mythenwelt. Wunderschöne Beispiele gibt es etwa in Colombo und Matale, aber auch zuhauf in den wieder zugänglichen Städten Jaffna und Trincomalee.

Doch ausgerechnet auf dieser von der Natur üppig ausgestatteten Insel, mit den vielen Tempeln und Heiligtümern friedfertiger Weltanschauungen gesegnet, ausgerechnet hier war oft genug die Hölle los. Über ein Vierteljahrhundert – zwischen 1983 und 2009 – hat ein blutiger Bürgerkrieg Zehntausende von Menschenleben

1960
Sirimavo Bandaranaike wird erster weiblicher Premier der Welt

1983
Ausbruch des ethnischen Konflikts mit Zehntausenden Toten

26.12.2004
über 35 000 Tote durch Tsunami; weltweite Hilfsbereitschaft

2009
Nach monatelanger Offensive gelingt es den Regierungstruppen, den Bürgerkrieg zu beenden

2013
Touristischer Boom und hohe wirtschaftliche Wachstumsraten

Der Sigiriya-Felsen ragt weithin sichtbar aus der Ebene heraus

gefordert und die Gesellschaft zutiefst gespalten. Der Konflikt zwischen der singhalesischen Mehrheit und radikalen Mitgliedern der tamilischen Minderheit hing wie eine bleierne Wolke über dem Land. Der ethnische Konflikt mag auch etwas mit der singhalesischen Gründungslegende zu tun haben: Vijaya, ein Königssohn aus Nordindien und Enkel eines Löwen (*sinha* auf Singhalesisch), landete mit 700 Kriegern auf der Insel und wurde zum Stammvater der Singhalesen (Löwenmenschen). Im 3. Jh. v. Chr. bekehrte ein Sohn des großen indischen Kaisers Ashoka

Der Buddhismus bestimmt den Alltag der meisten Menschen

den König von Anuradhapura zum Buddhismus. Seither bestimmt die Religion des Erleuchteten den Alltag – und mit ihren Festen auch den Jahresrhythmus der Bevölkerungsmehrheit. Doch genauso lange wie ihre Brüder sind auch die hinduistischen Tamilen auf der Insel ansässig. Meist lebten sie friedlich nebeneinander und inspirierten ihre jeweilige Kultur, auch wenn es immer wieder zu politischen Machtkämpfen und Kriegen kam. Während der britischen Kolonialherrschaft wurden jedoch die Tamilen bevorzugt, bis nach der Unabhängigkeit 1948 die singhalesische Elite den Spieß umdrehte. Hass staute sich auf, der nach heftigen Unruhen 1983 in einen langen Bürgerkrieg mündete.

Heute präsentieren sich die Sri Lanker mehr denn je als wunderbare Gastgeber, die ihren Besuchern mit Freude ihre Heimat zeigen und mit einem singhalesischen *Ayubowan* und tamilischen *Vanakkam* herzlich willkommen heißen.

IM TREND

1 Stilvoll auf Safari

Abenteuer Auf Komfort muss kein Tierspotter und Naturliebhaber verzichten. Im *Mahoora Luxury Safari Camp (www.mahoora.lk)* schläft man zwar im Zelt, das ist aber topausgestattet – auch mit einem Bett. Ein schickes Abendessen unterm Sternenhimmel bietet *Leopard Safaris (www.leopardsafaris.com)*. Da möchte man fast auch die Nacht in der Hängematte verbringen. An den schönsten Spots baut die *Kulu Safari Company (www.kulusafaris.com, Foto)* ihre Speisetafeln auf.

2 Ost trifft West

Musik Die vielen Einflüsse im Land machen sich auch bei der Musik bemerkbar. Da trifft Bollywood auf Hip-Hop, Gitarre auf Flöte. Wer *M.I.A. (www.myspace.com/mia, Foto)* noch nicht kennt, sollte das jetzt nachholen. Sie ist die bekannteste srilankische Musikerin. Echte Stars sind auch *Bathiya and Santhush (bnsmusic.com)* mit ihrem Fusionsound. Hörenswerte Livemusik gibt es im *Clancy's (29 Maitland Crescent | Colombo)*.

3 Auf dem Wasser

Aktiv Trickski, Kneeboarding oder Wakeskating: Das sind die Wassersportarten der Stunde. Wer hip sein will, macht einen Akrobatik- oder Barefoot-Kurs *(Pi-Mono-Sport | Kaluwamodara Alutgama | www.pi-mono-sports.de)* oder saust vor Bentota kniend übers Wasser (Kurse und Ausrüstung im *Ayurveda Hotel Paradise Island | www.ayurveda hotelparadiseisland.com* und im *Hotel Saman | Aturuwella | www.samanvilla.com*). Damit auch die Optik stimmt, decken sich modebewusste Wassersportler im Beachshop *A-frame* von *Mambo Surf Tours (Hikkaduwa)* mit Shorts und Co. ein.

Import aus Nippon

Sushi An frischem Fisch und Meeresfrüchten mangelt es in Sri Lanka wahrlich nicht. Trotzdem war Sushi bis vor Kurzem noch fast ein Fremdwort. Die Einheimischen blieben lange ihren kräftig gewürzten Speisen treu und entdecken nun erst langsam Tempura, Yakitori und Sushi. Empfehlenswerte Adressen für den japanischen Genuss sind das *Nihonbashi (Alexandra Place 5 | Colombo)* und das *Sakura (Rheinland Place | Colombo).* Besonders elegant und bekannt für sein Tepanyaki ist das *Ginza Hohsen (im Hilton | Sir Chittampalam A. Gardiner Mawatha | Colombo | www.ginza hohsen.com).*

Kreative Kunst

Mode Lange diente Sri Lanka internationalen Modelabels als Produktionsstandort. Doch mittlerweile kommt auch immer mehr Mode aus dem Land selbst. Und zwar nicht ohne Konsequenzen aus der Vergangenheit gezogen zu haben. Fair-Trade-Stoffe und Biomaterialien spielen eine große Rolle. Dabei kommt nicht etwa nur eine Leinenbluse im Ökolook raus, sondern tragbare moderne Mode, die auf den Straßen New Yorks, Paris oder Berlins nicht fehl am Platz wirkt. Ein Sonderfall sind die nachhaltigen Designs von *Charini (Duplication Road | Colombo | www.charini.com),* denn dabei handelt es sich um sinnliche Unterwäsche. Drüber kommen z.B. Outfits von *Ruchira Karunaratne (www.facebook.com/ruchira.karu naratne)* oder *Rebel (www.facebook.com/ RebelColombo).* Neue Labels und Namen kommen ständig hinzu. Es lohnt sich einen Blick auf die Teilnehmer des *Sri Lanka Design Festivals (www.srilankadesignfestival.com)* und der Absolventen der *Academy of Design (www.aod. lk, Foto)* zu haben.

STICHWORTE

BUDDHISMUS

Der 2500 Jahre alten Lehre des Siddharta Gautama folgt die große Mehrheit der Singhalesen. In ein nord-indisches Adelsgeschlecht hineingeboren begab sich Gautama nach einem ausschweifenden Leben auf jahrelange Sinnsuche. Unter einem Feigenbaum (ficus religiosa) meditierend wurde er zum Buddha, einem Erwachten. Denn er erkannte einen ursächlichen Zusammenhang zwischen Leben und Leiden, da es stets mit Begierde und dem Wunsch nach Unvergänglichkeit verbunden ist. Durch den „achtfachen Pfad", das Bemühen um ethisches Handeln und das Streben nach Weisheit, kann der Mensch den Zustand des Nirvanas, des vollständigen Auslöschens jeder Begierde, erreichen und somit den Wiedergeburtenkreislauf beenden. Die Gläubigen sind bestrebt, durch Spenden, Almosen an die Mönche und dem Befolgen der fünf Sittenregeln (nicht töten, nicht stehlen, keine sexuellen Verfehlungen begehen, nicht lügen und keine berauschenden Mittel zu sich nehmen) so viel gutes Karma wie möglich anzusammeln.

CEYLON

Auch wenn der alte Landesname bereits 1972 ersetzt wurde, ist er vielerorts noch präsent. So zählt etwa Ceylon Tea nach wie vor zu den weltbekannten Marken der Insel. Der Begriff geht auf das chinesische Xi Lan zurück, das durch Marco Polos Schriften in Seefahrerkreisen als Seilan Verbreitung fand und eine

Bild: In den Höhlentempeln von Dambulla

Buddhas eigene Insel – mit Kokospalmen und Elefanten, beginnendem Umweltschutz und einer überwältigenden Natur

Verballhornung des Sanskrit-Worts *Sinhala Dvipa*, Insel der Löwenmenschen, ist. Die Portugiesen tauften die Insel spätestens im 16. Jh. *Ceilão*. Unter den Holländern war von *Ceylan* die Rede und unter den Briten von Ceylon. Dieser Name wurde auch nach der Unabhängigkeit zunächst beibehalten.

DAGOBA
Massiver buddhistischer Sakralbau, zumeist in Glocken- und Halbkugelform. Der Ursprung des singhalesischen Worts *dagoba* stammt aus dem Sanskrit *(dhatu* und *gharba)* und bedeutet Reliquienschrein. Reliquien sind Gegenstände, die sich, der Legende nach oder tatsächlich, auf Buddha beziehen.

ELEFANTEN
Sie genießen als Symbole der Weisheit und der Stärke große Verehrung. In der Wildnis leben noch über 5800 Elefanten, nirgendwo in Asien können sie in so großer Zahl beobachtet werden wie in Sri Lanka (vor allem in den Nationalparks

Touristenmagnet: Die Elefanten im Elefantenwaisenhaus Pinnawala

Minneriya, Kaudulla und Uda Walawe). Höchstens noch 150 domestizierte Tiere werden als Arbeitselefanten eingesetzt. Es gilt als segensreiche Tat, den Klöstern kräftige Elefanten für die großen Prozessionen zu leihen oder zu schenken. So sind beim berühmten *Kandy Perahera* weit über 50 Tiere beteiligt. Doch ihre natürlichen Lebensräume sind bedroht, weshalb Elefantenherden aufgrund ihrer Vorliebe für Bananen, Reispflanzen und Zuckerrohr regelmäßig großflächige Felder und Gärten heimsuchen. Beim Versuch, sie zu vertreiben, kommen jährlich rund 50 Menschen und bis zu 200 marodierende Dickhäuter ums Leben.

FLORA & FAUNA

Der Leopard räkelt sich genüsslich im warmen Sand. Das aufgeregte Knipsen der Touristen aus den nahen Jeeps scheint ihn nicht zu stören. Der savannenartige Yala West National Park im tiefen Südosten ist berühmt für die recht hohe Leopardenpopulation. Über 40 Exemplare ziehen durch das trockene Buschland, in dem auch Lippenbären und Sambarhirsche unterwegs sind. Wer sich eher für die Vogelwelt interessiert, braucht nicht weit zu reisen. In den Lagunen des nahen Bundala National Parks sind zahlreiche Wasservögel unterwegs, darunter auch Gruppen von Rosaflamingos. Überhaupt ist Sri Lanka ein tolles Ziel für Ornithologen. Über 400 Vogelarten wurden gezählt – 33 unter ihnen gibt es nur auf der Insel.

Dank seiner abwechslungsreichen Landschaften beeindruckt Sri Lanka durch eine erstaunlich große Artenvielfalt. Wo sonst haben Sie die Chance, am selben Tag die beiden weltgrößten Säugetiere zu erspähen, Elefanten und Blauwale? Dazu müssen Sie frühmorgens von Mirissa aus aufs Meer hinausfahren, wo die Blauwale regelmäßig kreuzen. Am Nachmittag können Sie dann durch den Uda Walawe National Park kurven, wo geschätzt 700 Dickhäuter unterwegs sind.

Und wenn Sie sich an der üppigen Dschungellandschaft des Sinharaja Forest Reserve satt gesehen haben, dann fahren Sie an Teak- und Mahagoniplantagen vorbei ins Bergland, wo sich z. B. auf den Horton Plains herrliche Rhododendrensträucher und Baumfarne ausbreiten. Selbst beim Besuch der alten Königsstätte können Sie zwischen den Ruinen eine ordentliche Portion Wildlife erleben. Allein in Polonnaruwa sind vier der fünf in Sri Lanka heimischen Affenarten unterwegs, darunter die frechen Ceylon-Hutaffen und die grauen Hanuman-Languren. Beim Weg zurück ins Hotel mag Ihnen ein weiterer tierischer Inselbewohner begegnen: ein Bengalenwaran, der trotz seiner Größe von über einem Meter völlig harmlos ist.

GEOFFREY BAWA

Sri Lankas zeitgenössische Architektur ist vor allem mit einem Namen verbunden: Geoffrey Bawa. Der 2003 im Alter von 83 Jahren verstorbene Stararchitekt hinterließ einige der interessantesten Bauwerke der Insel, darunter das 1982 eröffnete Neue Parlament und die Ruhuna-Universität bei Matara. Am spektakulärsten ist sicherlich das Heritance Kandalama Hotel bei Dambulla, das sich fast über einen Kilometer an einen Bergrücken schmiegt und mit dessen Dschungel verwachsen zu sein scheint. Hier zeigt sich Bawas legendär gewordene Kunst, Architektur mit der umliegenden Natur in eine Einheit zu bringen. Gebäude sollten mit allen Sinnen erfahren werden können, lautete einer seiner wichtigsten Grundsätze, die ihn in Asien zu einem der wichtigsten

Vertreter der sogenannten Tropischen Moderne machten. Wie kein anderer hatte Geoffrey Bawa ein Gespür für den Charakter eines Orts. Das ist auch am Jetwing Lighthouse Hotel zu sehen, das an der Küste von Galle auf einer felsigen Erhebung thront und in seiner Architektur koloniale Bauelemente zitiert. Einige seiner frühen Hotelbauten sind von seinen Schülern liebevoll restauriert worden, darunter das 1976 als Neptune Hotel in Beruwala eröffnete Heritance Ayurveda Maha Gedara. Aus den Ruinen seines ersten, 1965 verwirklichten Hotelbaus südlich von Negombo entstand fast 50 Jahre später das luxuriöse Jetwing Lagoon. Nähere Infos unter *www.geoffreybawa.com*.

HINDUISMUS

Mit Wucht zerschmettert die junge Tamilin die fasrige Kokosnuss auf dem Tempelboden, auf dem sich aus der zerbrochenen Schale das Kokoswasser ergießt. Was wie ein Gewaltausbruch aussieht, hat im Hinduismus eine uralte Tradition, denn die Kokosnuss symbolisiert die menschliche Existenz und deren Zerschmettern die innere Reinigung. Etwa 15 Prozent der Gesamtbevölkerung bekennen sich zum Hinduismus, fast ausschließlich Tamilen. Vor allem im Norden und Osten der Insel ist die indische Religion sehr präsent. Aber auch für die Buddhisten spielen einige der Hindugötter als Beschützer der Insel eine wichtige Rolle, so gibt es kaum ein buddhistisches Kloster, das auf seinem Gelände keinen Hinduschrein, *Devale* genannt, besitzt.

Vereint sind die Hindus in ihrem Glauben an das Prinzip vom ewigen Kreislauf aus Schöpfung und Zerstörung. Zudem sind sie überzeugt, dass ihr individuelles Selbst nach dem Tod eine neue Gestalt annimmt. Als was sie wiedergeboren werden, hängt vom Karma ab, d. h. von den im Leben verübten Taten. Der abstrakten Idee des All-Einen steht ein Heer von Göttern, Geistern und Dämonen gegenüber, die man je nach Vorliebe verehrt. Mit Abstand populärster Hindugott ist Shiva, der in Form eines Lingam als Symbol der Fruchtbarkeit, als kosmischer Tänzer der Zerstörung, aber auch als Asket verehrt wird. Viele Tempel sind auch

Reiche Ernte – Kokospalme mit Nüssen

seinem Sohn Skanda gewidmet, der als Kriegsgott unter den Namen Murugan und Kataragama bekannt ist und als mächtiger Inselbeschützer gilt.

KOKOSPALME

„So weit das Auge reicht, nach Norden wie nach Süden, ist sie von Kokosplantagen eingesäumt", notiert 1925 der berühmte Indologe Wilhelm Geiger bei seiner Ankunft mit dem Schiff in Co-

lombo. Und auch heute noch dominiert diese Palme viele Landstriche Sri Lankas. Was in europäischen Besuchern Urlaubsgefühle weckt, ist für die Einheimischen eine der wichtigsten Nutzpflanzen. Fast 4000 km², also knapp 6 Prozent der Landesfläche sind mit Kokospalmen bepflanzt. Neben Tee und Kautschuk zählt die Kokosnuss zu den wichtigsten Exportgütern. Der Nutzen der Kokospalme kennt keine Grenzen: Der Stamm dient dem Haus- und Bootsbau, die Palmwedel als Dach und Flechtmaterial und die Faser der äußeren Nusshülle zum Herstellen von Stricken, Matten oder Bürsten. Aus der harten Schale der Kokosnuss wiederum lassen sich Becher, Löffel und andere Utensilien kreieren. Auch in der srilankischen Küche ist die Kokosnuss nicht wegzudenken: kaum ein Curry, in dem nicht das Nussfleisch, *kobra* genannt, mitgekocht wird. Und was gibt es Besseres als einen frischen Saft aus der gelblich-grünen Kings Coconut oder zum Verdauen einen hochprozentigen Arrack aus dem destillierten Palmsaft? Auch geht nichts über eine entspannende Massage – am besten mit dem sanften Öl aus der gepressten *kobra*.

MONDSTEINE

Ein Name für zwei völlig verschiedene Dinge: Zum einen werden schimmernde Halbedelsteine aus Feldspat so bezeichnet, zum anderen sind damit in der religiös motivierten buddhistischen Architektur halbmondförmige, flache Schutzsteine gemeint, von Reiseleitern gern „heilige Fußmatten" genannt. Sie markieren den Übergang von der normalen Umgebung in heilige Räume. Tiermotive symbolisieren dabei die vier Grundübel menschlichen Daseins: Geburt (Elefant), Krankheit (Löwe), Alter (Stier) und Tod (Pferd). Der Lotos in der Mitte, Symbol der Reinheit, führt zu den fünf Stufen der höheren Erkenntnis und damit in den Tempel hinein.

SINGHALESEN

Drei Viertel der rund 21 Mio. Ew. Sri Lankas gehören dieser Bevölkerungsgruppe an. Die Singhalesen benutzen eine indoarische Sprache und Schrift und führen ihre Herkunft auf den legendären Prinzen Vijaya zurück. Vermutlich wanderten die ersten Singhalesen vor gut 2500 Jahren aus dem Nordosten Indiens nach Sri Lanka ein. Seit König Devanampiya Tissa im 3. Jh. v. Chr. die Religion des Buddha annahm und im Kulturdreieck den Grundstein für die srilankische Hochzivilisation legte, verstehen sie sich als Bewahrer dieser Religion und als Staatsvolk der Insel. Noch heute sind bis auf einige Christen (besonders unter den Fischern bei Negombo) die meisten Singhalesen Buddhisten. Nach der Unabhängigkeit führte die populistische Sinhala only-Politik des damaligen Premiers S. W. R. D. Bandaranaike, der Singhalesisch zur alleinigen Nationalsprache erheben wollte, zum ersten großen Konflikt mit der tamilischen Minderheit. Nach Kriegsende bemühen sich jedoch viele Singhalesen um ein friedliches Miteinander mit den Minderheiten.

TAMILEN

Diese zweitgrößte Bevölkerungsgruppe (etwa 17 Prozent) stammt ursprünglich aus Südindien. Ihre Sprache gehört zur drawidischen Familie und ist nicht mit dem Singhalesischen verwandt. Zwei große Gruppen mit sehr unterschiedlicher Geschichte leben auf der Insel. Im Norden und Osten siedeln die sogenannten srilankischen Tamilen (auch Jaffna-Tamilen genannt), die 12 Prozent der Gesamtbevölkerung ausmachen und fast ebenso lange in die Inselgeschichte verwickelt sind wie die Singhalesen. Im Bergland sind die etwas über 1 Mio. Indischen bzw. Hochland-Tamilen in erster Linie in den Teeplantagen ansässig. Ihre Vorfahren, größtenteils Angehörige niedriger Kasten, wurden im 19. Jh. von den Briten als billige Plantagenarbeiter angeworben. Auch heute stehen sie noch am unteren Ende der Einkommensleiter. Zwischen den beiden Gruppen gibt es wenig Kontakte, im militanten Kampf um ein unabhängiges Tamilen-Reich (Tamil Eelam), den die Tamil Tigers seit 1976 führten, waren die Indischen Tamilen nicht involviert. Über 80 Prozent der Tamilen sind Hindus, der Anteil der Christen liegt bei fast 20 Prozent.

UMWELTSCHUTZ

Plastikmüll am Straßenrand, stinkende Überlandbusse, verschmutzte Strände – das Tropenparadies ist alles andere als ein Musterknabe in Sachen Umweltschutz. Doch eine zunehmende Zahl von Umweltverbänden lässt ein langsames Umdenken erkennen. Auch im Tourismus tut sich einiges, so verordneten renommierte Hotelketten wie Aitken Spence und Jetwing ihren Hotels hohe Umweltstandards. Dabei hat Naturschutz in Sri Lanka eine lange Tradition: Schon im 3. Jh. v. Chr. verbot König Devanampiya Tissa um den Berg Mihintale jegliche Tierjagd. 1500 Jahre später tat es ihm ein Herrscher von Polonnaruwa gleich und stellte das Töten von Lebewesen im Umkreis seiner Königsstadt unter Strafe. Den größten Raubbau an der Natur verübte die britische Kolonialmacht. Exzessive Großwildjagd und die Rodung gewaltiger Flächen zum Anlegen von Tee- und Kautschukplantagen setzten dem Tier- und Baumbestand dermaßen zu, dass die Kolonialregierung 1938 die Gebiete von Yala und Wilpattu unter Naturschutz stellte. Heute sind rund 13 Prozent der Landesfläche als Schutzgebiete deklariert.

ESSEN & TRINKEN

Die traditionelle Küche des Landes bringt vielfältige Einflüsse – indische, arabische, malaiische – in die Töpfe, Schälchen, Pfannen und auf die Teller, die alle zusammen das Erlebnis Curry ausmachen.

Auch die Kolonialherren von einst – Portugiesen, Holländer und, noch am wenigsten, die Engländer – haben Spuren bei vielen Rezepten hinterlassen. Reis und Curry, so heißt eigentlich jegliches einheimische Essen, ist wohlschmeckend, sehr bekömmlich, für unsere Begriffe noch immer äußerst preiswert und häufig auch ein Fest fürs Auge.

Curry hat nichts mit dem Instantgewürz zu tun, das bei uns verkauft wird. Der Begriff hat in Sri Lanka zweifache Bedeutung. Zum einen ist Curry eine individu-

elle Mischung zum Teil gerösteter und anschließend gemahlener Gewürze. Zum anderen bezeichnet Curry mit der Hauptzutat den Namen des jeweiligen Gerichts. Man hat z. B. die Wahl zwischen einem Gemüsecurry, einem Beef-(Rindfleisch-)curry, einem Chicken-(Hühnchen-)curry oder – seltener – einem Pork-(Schweinefleisch-)curry.

Vor allem auf dem Land werden in der Umgangssprache auch Farben benutzt, um die unterschiedlichen Currygerichte zu bezeichnen. So ist ein weißes Curry ein Essen, das auf Kokosmilch basiert – mild und fast so flüssig wie eine Suppe. Rote Currys enthalten große Mengen Chili (bei uns auch als Cayennepfeffer bekannt). Schwarze Currys sind die häufigsten. Sie enthalten gerösteten Koriander, Kreuz-

Manche mögens scharf, andere freuen sich
besonders auf die frischen Meeresfrüchte –
Genießer kommen auf ihre Kosten

kümmel und Fenchel. Erst das Rösten
kitzelt das Aroma der Kräuter so richtig
heraus. Und dieses Rösten der Gewürze
unterscheidet die srilankischen Currys
auch wesentlich von denen der Nach-
barländer, vor allem von den indischen
Currys, die bei uns viel bekannter sind.
Chili ist die schärfste Grundwürze, getrocknet oder als Pulver. Es gibt sehr viele
Chilisorten – grüne, rote, große, kleine,
dicke und dünne. Pickles sind genauso
beliebt wie in der indischen Küche; sie
werden meist mit Beilagen serviert, z. B.

seeni sambola. Das ist eine eigene Ge-
würzmischung, zu der Chili(-pulver) gehört, außerdem Knoblauch, Kardamom,
getrocknete Garnelen, Ingwer, Tamarin-
denmark.
Zu diesen Basisgewürzen kommen – je
nach Gericht und Meinung der Köchin –
unter anderem Zimt, Nelken, Kardamom
und Muskat hinzu. Die Currys werden in
vielerlei Schälchen gleichzeitig aufgetra-
gen. Lauwarme Gerichte sind durchaus
üblich, Klagen darüber stoßen auf Un-
verständnis. Man nimmt sich Reis und

SPEZIALITÄTEN

SPEISEN

▶ **abba** – würziger Senf, beliebt als Beilage zu Fleischgerichten oder als Aufstrich bei einem Sandwich

▶ **appé** – Pfannkuchen aus Reismehl, Hefe und Kokosmilch, oft auch *hoppers* genannt

▶ **bandakka curry** – vegetarisches Gericht mit Okrabohnen; sehr beliebt im Hochland

▶ **breudher** – Hefekuchen holländischen Ursprungs

▶ **ghee** – geklärte Butter; wichtig in der Ayurveda-Küche

▶ **Jackfrucht** – sehr nahrhafte Baumfrucht; als süß-aromatisches Obst (Foto re.) oder als stärkereiches Gemüse zubereitet

▶ **kaha bath** – gelber Reis, in Kokosmilch gekocht; zu Festessen

▶ **kiribath** – Milchreis mit geriebenem Palmzucker und/oder Zimt

▶ **lampries** – Reis in Fleischbrühe gekocht, mit Hackfleisch gefüllt, im Bananenblatt gebacken

▶ **paripoo** – Linsen auf ceylonesisch, breiartige Beilage mit Thunfisch und Kurkuma; wird gern zu Currys serviert

▶ **pattis** – kleine Pasteten; traditioneller Geburtstags- und heute beliebter Partysnack

▶ **rasagullas** – Kugeln aus Kokosmilchteig (Dessert)

▶ **rathu isso** – Garnelencurry (die kleinen Shrimps werden mit Schale gegart)

▶ **rotis** – Brotfladen, in Sri Lanka aus geriebener Kokosnuss oder Kokosflocken; beliebt zum Frühstück

▶ **wattalapam** – Pudding aus Palmblütenzucker, Kokosmilch und Gewürzen, meistens Zimt

GETRÄNKE

▶ **arrack** – Schnaps aus dem destillierten Blütensaft der Kokospalme

▶ **curd** – eine Art Joghurt aus Büffelmilch

▶ **Kokosmilch** – Saft der gelb-grünen *king's coconut*, sehr erfrischend (Foto li.)

mischt diesen dann mit den Beilagen: mit Linsen, Auberginen, Gurken, Brotfrucht, ferner Fleisch und/oder Fisch und Seafood (Meeresfrüchte wie Garnelen und Krabben). Dazu wird stets *pappadam* gereicht, ein knuspriges, flaches Brot aus Linsenteig. Auch *chutneys,* marmeladenähnliche Zutaten, stehen immer auf dem Tisch. Sie dienen sowohl der zusätzlichen Würze als auch – wenn es süße

Chutneys sind – ihrer Entschärfung. Den gleichen Zweck, nämlich den Gaumen zu kühlen, haben die feinen Kokosraspeln, die ebenfalls stets zu einem Currytisch gehören. Stets begleiten tropische Früchte des Landes die Mahlzeiten: Papayas, Mangos, kleine, aromatische Bananen und Ananas.

INSIDER TIPP Frühstücken Sie doch einmal ceylonesisch. Eine morgendliche Besonderheit sind *hoppers* – hohle, halbkugelförmige Pfannkuchen aus Reismehl, Kokosmilch und Kokosflocken. Bei den *stringhoppers* ist der Teig in dünne Fäden gezogen. Bei *egghoppers* werden zwei Eier über dem Pfannkuchen gebraten. Dazu wird *curd* (Büffeljoghurt) mit Palmhonig *(kitul)* gereicht. Auch *chili-sambolas* – Würzsaucen aus getrockneten Garnelen oder Fischen, mit Chilipulver, Zwiebeln und Öl angemacht – gehören zu einem Frühstück nach Landessitte dazu.

Die meisten Urlauber freuen sich auf frischen Fisch und Meeresfrüchte. Kein Ort in Sri Lanka ist weiter als 130 km vom Meer entfernt. Somit stehen auch in den Hotels des Hochlands oft Fisch oder Meeresfrüchte auf der Karte. Am meisten Spaß macht es, gegrillte Riesengarnelen *(jumbo prawns),* leckeren *seerfish* (anderswo als Spanische Makrele bekannt), ein Curry aus gebratenem Tintenfisch oder Hummer mit Knoblauchsauce in einem Strandlokal zu essen, die Füße im Sand, über sich die Palmen und den tropischen Sternenhimmel.

Das einheimische, leichte Bier (Three Coins oder Lion Lager) ist ordentlich, der stets verfügbare Tee (meist mit Milch serviert) ausgezeichnet. Hingegen kommt der Kaffee in gewöhnlichen Restaurants meistens als schwarze Plörre daher. Abhilfe schafft hier die zunehmende Zahl an Cafés, welche über professionelle Kaffeeautomaten verfügen.

Neben Obst gibt es als Nachtisch auch eine gute Auswahl an Süßspeisen. Von arabischen Einwanderern stammt *Aluwa*, eine Masse aus Klebreis, Palmzucker, Cashewnüssen, Kokosmilch und diversen Gewürzen. Muslime aus dem malaiisch-indonesischen Raum haben *Wattalapam*, einen karamellisierten Pudding mit Kokosmilch und Cashewkernen auf

Traditionelle Speise: Hühnchencurry

die Insel gebracht. Zum Vernaschen gut sind auch *Thalaguli*, zuckersüße Sesambällchen, oder *Bibikkan*, Reiskuchen mit verschiedenen Zutaten. Und wer zu viel *Puhul Dosi*, süßen, eingelegten Kürbis, genossen hat, sollte sich gleich einen Termin bei seinem Zahnarzt geben lassen.

Aus Südindien haben Tamilen eine ganze Reihe von Snacks mitgebracht. Zu diesen *Short Eats*, wie sie in feinstem *Srilankan English* genannt werden zählen *Roti*, gefüllter Pfannkuchenteig, *Thairu Vadai*, mit Joghurt gefüllte Teigtaschen, und *Parripu Vadai*, in Öl gebrutzelte flache Klöße aus roten Linsen.

Wer Hunger hat, wird auf Sri Lanka in den meisten Fällen schnell fündig werden: Die meisten Lokale sind täglich von morgens bis abends geöffnet.

EINKAUFEN

Die Insel, der so oft die Nähe zum Paradies nachgesagt wird, mag für verwöhnte Thailand- oder gar Hongkong-Shopper nicht unbedingt der Garten Eden sein. Weder werden massenweise Fälschungen berühmter Markenprodukte angeboten, noch lassen sich Schnäppchen auf dem Elektronikmarkt machen. Dafür aber lebt hier die Tradition vielfältigen Kunsthandwerks. Es ist verhältnismäßig leicht, den Koffer mit vielen netten Souvenirkleinigkeiten zu füllen. Am vielfältigsten ist das Angebot in Kandy (Antikes, Kunsthandwerk, Schmuck, Batiken, Tee). Staatliche Läden haben feste Preise und Öffnungszeiten. Die meisten kleinen Händler halten ihre Geschäfte hingegen bis spät in den Abend und auch am Sonntag geöffnet. Unregelmäßig sind allerdings nicht nur deren Öffnungszeiten: Wer sich im orientalischen Sri Lanka für Souvenirs interessiert, wird handeln müssen. Faustregel: Nicht mehr als 70 Prozent des ursprünglich geforderten Preises zahlen!

EDELSTEINE

Da Sri Lanka – das strahlend schöne Land – schon seit alten Zeiten einen Ruf als Juweleninsel hat, wird man sich auch auf die Versuchungen einstellen müssen, die von den Angeboten der Edelsteinhändler ausgehen. Deren Auswahl reicht von Alexandrit bis Zitrin. Aus dem Schlamm rund um Ratnapura werden aber auch Topase, Rubine, Saphire und Smaragde geborgen. Aber Vorsicht: Wer sich nicht auskennt, sollte nur in renommierten, größeren Geschäften kaufen und die Tipps von provisionshungrigen Rikschafahrern und Schleppern (vor allem in Kandy) ignorieren.

GEWÜRZE & CO.

Gewürze, Tees und Kräuter kann man am billigsten auf den Märkten erstehen, allerdings ist dort die Qualität oft minderwertig. Das gilt besonders bei Tee. Ein gutes Angebot für den Hausgebrauch bieten die Supermarktketten *Keells* und *Cargills*. Ansonsten sind hübsch abgepackte Waren etwas teurer in einschlägigen Geschäften zu haben, etwa in den *Mlesna Tea Centres*. Schauen Sie sich auch in den Shops der Gewürzgärten bzw. Teeplantagen des Hochlands um, wo gute Qualitätsprodukte angeboten werden. Zu den beliebten Souvenirs zählt auch Arrack, den es in hübschen Flaschen zu kaufen gibt.

Gewürze, bunt bedruckte Stoffe, Duftöle und Holzelefanten – wer Mitbringsel sucht, wird auf der Insel bestimmt fündig

KOSMETIK

Beliebte Mitbringsel sind Duftöle, Seifen und Cremes aus einheimischer Herstellung. Die größte Auswahl bieten dafür die Apotheken *(pharmacies)*. Dort kann man auch das legendäre Balsam aus dem Haus *Siddhalepa* erstehen, welches bei Kopfweh und Gliederschmerzen Linderung verschafft.

KUNSTHANDWERK

Kunsthandwerkszentren *(Arts and Craft Centres)* sowie die staatlichen *Laksala*-Läden bieten zwar einen Überblick. Aber das Angebot an Schnitzereien, Kokosfaser- und Keramikwaren, Lackdosen, Aschenbechern und Tabletts sowie diversen Textilprodukten (Batikstoffe, Web- und Spitzendecken, Wandschmuck) wirkt ziemlich veraltet und verstaubt. Besser kaufen Sie die Handwerksprodukte in Privatgeschäften und Werkstätten. Vielerorts wird auch der Herstellungsprozess demonstriert. Galle und die Südküste sind bekannt für Klöppelarbeiten, Ambalangoda für Maskenschnitzereien.

TEXTILIEN

Da internationale Markenhersteller auch in Sri Lanka produzieren lassen, bietet die Insel vielerorts eine hervorragende Auswahl an günstiger Kleidung, besonders in den Einkaufszentren von Colombo. Gute Adressen sind dort das *Majestic*, *Liberty* oder die Filialen von *Odel* und *Fashion Bug*. Auch die einheimische Designerszene wird in der Metropole immer präsenter. Lokale Labels wie *Buddhi Batiks*, *Arugam Bay* oder *Stringhopper* sind etwa in einer Kolonialvilla in *32 Ward Place* zu finden. Wer sich in südasiatisches Chic kleiden möchte, wird in den bunt bemalten Spezialgeschäften für Saris glücklich. Der *Bale Bazaar* in Nuwara Eliya wiederum ist eine gute Adresse für warme Jacken.

DIE PERFEKTE ROUTE

WESTKÜSTE MIT COLOMBO

Die Hauptstadt ❶ *Colombo* → S. 33 ist der perfekte Einstieg in die perfekte Route über die Insel: Spazieren Sie durch das multikulturelle Viertel Pettah, und entspannen Sie bei einem Besuch im Galle Face Hotel mit Aussicht aufs Meer. Den Indischen Ozean werden Sie auch während der Fahrt entlang der Küstenstraße in Richtung Süden im Blick haben. Wie wäre es mit einem Tag am Strand, etwa bei ❷ *Bentota* → S. 46 in einem Resort? Nicht versäumen sollten Sie einen Abstecher zum Brief Garden, einem herrlichen, verwunschenen Tropenparadies. Das geschichtsträchtige Fort von ❸ *Galle* → S. 50 ist mit seinen Wehrmauern, gemütlichen Gassen und urigen Cafés ein absolutes Highlight.

DER TIEFE SÜDEN

Weiter geht's die Südküste entlang. Eine Zwischenstation können Sie in ❹ *Mirissa* → S. 52 einlegen. Unternehmen Sie eine Whale Watching Tour, und genießen Sie den Strand. Hier können Sie übrigens auch prima Wellenreiten üben. Auf der Weiterfahrt lohnt sich bei ❺ *Matara* → S. 56 ein Stopp in Dondra, wo ein Leuchtturm (Foto li.) den südlichsten Punkt Sri Lankas markiert. ❻ *Tissamaharama* → S. 54 ist nicht nur wegen seiner Historie besuchenswert, sondern auch ein guter Ausgangspunkt für eine Safari durch den ❼ *Yala West National Park* → S. 54.

HOCHLAND UND KANDY

Eine landschaftlich schöne Fahrt führt dann nach Nordosten – zunächst über Wellawaya zu den aus den Felsen geschlagenen Buddhas von ❽ *Buduru-wagala* → S. 63 und dann weiter über eine serpentinenreiche Straße nach ❾ *Ella* → S. 60. Der Ort empfängt Sie mit einem atemberaubenden Bergpanorama und einem Blick bis hinunter zum Indischen Ozean. Die Weiterfahrt in die alte britische Sommerfrische ❿ *Nuwara Eliya* → S. 69 mit herrlicher Kolonialarchitektur sollten Sie früh beginnen, um noch einen Abstecher zu den ⓫ *Horton Plains* → S. 72 inklusive dreistündiger Wanderung unternehmen zu können. Die hinreißende Schönheit des Hochlands mit seinen tiefgrünen Teeplantagen (Foto re.) entfaltet sich auch auf der Weiterfahrt gen ⓬ *Kandy* → S. 63, Sri Lankas letzter Königsstadt und Heimat des größten Heiligtums der Insel, der Zahnreliquie.

Erleben Sie die vielfältigen Facetten Sri Lankas an der Küste, im Hochland, im Kulturellen Dreieck und mit einem Abstecher gen Osten

DAS KULTURELLE DREIECK

Durch eine üppige Tropenlandschaft mit sehenswerten Gewürzgärten fahren Sie ins Herz des Kulturellen Dreiecks. Wählen Sie eine Unterkunft in der Nähe von **13** *Sigiriya* → S. 86, damit Sie die bunten Fresken der Wolkenmädchen beim frühen Aufstieg zur Felsenfestung ganz für sich haben. Bei einem Besuch im **14** *Minneriya National Park* → S. 82 haben Sie die Chance, Elefanten zu beobachten. Anschließend bietet sich ein Abstecher zur zweiten Königsstadt **15** *Polonnaruwa* → S. 83 an. Lassen Sie den Wagen stehen, und erkunden Sie die weitläufige Anlage mit den Tempelruinen mit dem Fahrrad.

ABSTECHER NACH OSTEN

Nach all den altertümlichen Sehenswürdigkeiten steht Ihnen der Sinn vielleicht nach einem Bad im Meer. Kein Problem, über die A 11 sind Sie in nur zwei Stunden an den wieder hippen Stränden von **16** *Kalkudah und Passekudah* → S. 92. Nach dem Bad geht's weiter die Ostküste entlang in Richtung Norden nach **17** *Trincomalee* → S. 93. Die Stadt mit dem berühmten Naturhafen lockt mit weiteren schönen Stränden und einem kunterbunten Hindutempel.

AUSKLANG IN NEGOMBO

Zum Abschluss führt die perfekte Route noch einmal quer über die Insel. Über 240 km sind zurückzulegen, bis Sie den Badeort **18** *Negombo* → S. 43 erreicht haben, um die Reise entspannt ausklingen zu lassen. Auf halbem Weg können Sie in **19** *Dambulla* → S. 81 noch die schönen Höhlen voller Buddhas bewundern.

1200 km. Reine Fahrzeit 30 Stunden
Empfohlene Reisedauer: 14 Tage
Detaillierter Routenverlauf auf dem hinteren Umschlag, im Reiseatlas sowie in der Faltkarte

DIE WESTKÜSTE

Das größte städtische Ballungsgebiet Sri Lankas, weiträumig an der Westküste zwischen der Lagune von Negombo und Colombos südlichen Vororten Mount Lavinia und Moratuwa gelegen, spiegelt Schönheit, Vielfalt und Probleme des Landes wider.

Schon auf der Fahrt vom Flughafen Katunayake, der in der Nähe des Bade- und Fischerorts Negombo liegt, ist die Üppigkeit der tropischen Vegetation zu sehen. Der Verkehr in Richtung Zentrum wird immer dichter und chaotischer. Zwischen den vielen Autos versuchen sich Radfahrer und Fußgänger, dreirädrige Tuk-Tuks, hier meistens *Trishaws* genannt, zu behaupten. Das Stadtbild hat sich in den letzten Jahren verändert. Hochhäuser sind das auffallendste Zeichen dafür.

Das Nebeneinander von pulsierender Moderne, exotischem Gewimmel und grünen Oasen macht Colombo zu einem höchst reizvollen Ausflugsziel oder Stopover. In und bei Negombo wiederum erinnern die vielen meist katholischen Kirchen an die nicht immer friedliche Missionierung durch die Portugiesen. Auf den Spuren der Holländer können Sie bei interessanten Ausflügen wandeln: zum sogenannten Zimtkanal, zu den christlichen Friedhöfen in den Dünen und den alten Herrenhäuser aus jener Zeit. Bei einer Fahrt auf der Negombo-Lagune oder mit dem Auslegerboot übers Meer lernen Sie das Leben der Fischer ebenso kennen wie die faszinierende Landschaft. Die Westküste nördlich von Colombo ist ein flacher Landstrich, gegliedert durch

Bild: Fischerboote am Strand von Negombo

Tempel, Kirchen und Strände – die boomende Hauptstadt und ihre Nachbarschaft wecken Erinnerungen an die Kolonialzeit

zahlreiche Gewässer, Flüsse wie den Kelani Ganga, der am nördlichen Stadtrand von Colombo in den Indischen Ozean mündet, oder Lagunen wie die von Negombo. Vor allem morgens liegt an vielen Tagen Dunst über der Küstenregion, vermischt mit Smog. Wenn aber der Blick auf das Hinterland frei ist, lässt sich im Osten der Kegel eines vielfach heiligen Bergs ausmachen: Das ist der *Adam's Peak,* die historische Landmarke der alten Indienfahrer auf ihrem Weg zur legendären Juweleninsel.

COLOMBO

KARTE IM HINTEREN UMSCHLAG (140 A1) (*Ⓜ B14*) **Mehr als 2 Mio. Menschen leben in Colombo und den Vororten, also fast jeder zehnte Einwohner von Sri Lanka.**

Die Stadt, die in den Zeiten des britischen Weltreichs ein wichtiges Etappenziel auf dem Weg in den Fernen Osten darstellte, gehört nach langer Zeit der Agonie zu den zukunftsträchtigen Zentren Asiens

COLOMBO

In Colombo stehen Gebäude aus der Kolonialzeit neben modernen Hochhäusern

mit einer großen Vergangenheit. Am spannendsten ist die Gegenwart: In vielen Vierteln und Lebensbereichen machen sich Aufbruch und neue Hoffnung bemerkbar. Junge Szenen entstehen, in kultureller und erst recht in kulinarischer

Hinsicht. Colombo, mit etwas Zeit und kundiger Begleitung entdeckt, macht viel Spaß. Die Stadt bietet eine Vielzahl sehenswerter Bauten, die fast alle an die bewegte Vergangenheit der verschiedenen Kolonialmächte erinnern.

Die Portugiesen haben Colombo – der Name stammt vermutlich von *kolamba,* dem singhalesischen Begriff für Hafen – zu Beginn des 16. Jhs. erstmalig befestigt. Erst um die Mitte des 17. Jhs., als die Holländer ihre Herrschaft über die Zimtgärten Ceylons ausbauten, begann Colombos Aufstieg. Nachhaltiger wurde das Bild der Stadt erst durch die Briten geprägt. Vom Ende des 18. Jhs. bis zum 4. Februar 1948, dem Tag der Unabhängigkeit, lenkten sie die Geschicke der Tropeninsel von Colombo aus. Inzwischen ist eine Skyline herangewachsen, die die alten Kolonialpaläste in den Hintergrund geschoben hat. Die Türme des Welthan-

CITY WOHIN ZUERST?

Dutch Hospital: Colombos Transport-Klassiker für den Nahverkehr ist der Three-Wheeler (mit Taxameter, 50 Rps/km). Mit ihm fahren Sie am besten zum Dutch Hospital gegenüber dem World Trade Center in Colombo-Fort, denn von dort aus können Sie den kolonialen Flair entlang der York Street inklusive Seitenstraßen erkunden, um dann in Richtung Pettah aufzubrechen.

delszentrums, der Bank von Ceylon und andere Hochhäuser sind sogar von der Terrasse des Hotels Mount Lavina zu sehen, immerhin eine Autostunde südlich gelegen.

SEHENSWERTES

DUTCH PERIOD MUSEUM

Im stillen Innenhof des über 300 Jahre alten Gebäudes mitten in Pettah, seit 1982 das Museum der holländischen Epoche, erlauben Grabplatten und ihre Inschriften Rückschlüsse auf das harte und meist nur kurze Leben der Kolonialholländer. Ausgestellt sind Möbel aus Tropenholz und Elfenbein, ferner Dokumente, Karten und Bilder. *Di–Sa 9–17 Uhr | Eintritt 500 Rps. | 95 Prince Street*

FORTVIERTEL ★

Die Mauern des ins Meer ragenden Forts wurden schon 1872 abgerissen. Aus Sicherheitsgründen kann man leider wesentliche Teile nicht besuchen. So ist der 1857 erbaute einstige Leuchtturm nur aus der Distanz zu sehen, das alte Postamt und die frühere Gouverneursresidenz – heute Präsidentensitz – an der Janadhipathi Mawatha gar nicht.

Wo die Sir Baron Jayatillake Mawatha auf die York Street stößt, liegt *Cargills,* das älteste Kaufhaus Colombos, einst der Tropenausrüster der Pflanzer, Offiziere und Kolonialbeamten. An der Ecke York Street/Church Street lohnt eine Pause im renovierten legendären *Grand Oriental.* Einen schönen Blick auf den Hafen haben Sie vom ☀ *Harbour View Restaurant* im 4. Stock dieses Hotels. So richtig nostalgisch-stylish ist die Atmosphäre im ehemaligen **INSIDER TIPP** *Dutch Hospital* zwischen Hospital Street und dem World Trade Centre. Die geschmackvoll restaurierten Gebäude des ehemaligen Krankenhauses aus dem 17. Jh. bergen heute Restaurants, Boutiquen, Cafés und eine Filiale von Ceylon Spa.

★ **Fortviertel**
Das älteste Kaufhaus Colombos und legendäre Hotels erinnern an die britische Epoche → S. 35

★ **Koloniales Colombo**
Die kolonialen, weißen Prachtbauten aus der Kolonialzeit rund um das Nationalmuseum und das Rathaus begeistern nicht nur Nostalgiereisende → S. 36

★ **Pettah**
Asien pur: Das muslimisch geprägte Basarviertel mit engen Gassen und erstaunlichen Läden, Hindutempeln und Moscheen lädt zum Bummeln, Stöbern und Handeln ein → S. 38

★ **Galle Face Hotel**
Lieblingsziel nostalgisch gestimmter Reisender und von Liebhabern des gepflegten High Teas → S. 41

★ **Dutch Canal**
Der Zimtkanal bei Negombo – ein 120 km langes, lebendiges Idyll aus alten Zeiten – ist ein tolles Ziel auch für Radler → S. 42

★ **Kelaniyatempel**
Wunderbarer buddhistischer Tempelbezirk nahe Colombo. Gläubige legen täglich Blumen vor den Statuen ab. Der Tempel ist Schauplatz einer großen Perahera zum Vollmond im Januar → S. 42

MARCO POLO HIGHLIGHTS

Am Galle Face Green treffen sich die Einheimischen – auch bei nicht so schönem Wetter

GREEN

Der Platz am Meer ist der Treffpunkt für die Einheimischen, vor allem an Wochenenden und Vollmondtagen: Kinder lassen Drachen steigen, Eltern und junge Leute flanieren, kaufen Eis oder geröstete Nüsse und schauen Gauklern oder den Badenden zu. Touristen sind hier willkommen. Sie werden zwar oft angesprochen, aber meist auf eine neugierig-freundliche Art.

INDEPENDENCE MEMORIAL HALL

In der offenen Unabhängigkeitshalle, einer Kopie königlicher Audienzhallen aus der Antike, eröffnete der Herzog von Gloucester am 4. Februar 1948 die erste Sitzung des ceylonesischen Parlaments. Auf Wandreliefs sind Szenen aus der Geschichte des Landes zu sehen. Vor der Halle steht ein Denkmal des ersten Premierministers Dudley Shelton Senanayake. Der historische Ort ist ein beliebter Treffpunkt junger Leute.

Ein paar Schritte entfernt: die *Bandaranaike Memorial International Conference Hall*. Sie wurde 1973 als Geschenk der Volksrepublik China in moderner Architektur errichtet, zur Erinnerung an den 1959 ermordeten Premier Solomon Bandaranaike. *Tgl. | Eintritt frei | Independence Avenue/Maitland Place*

KOLONIALES COLOMBO ★

Außer den Verwaltungsgebäuden im Fortviertel und den alten Hotels werden die weißen Prachtbauten rund um Nationalmuseum und Rathaus *(Town Hall)* Nostalgiereisende erfreuen. Besonders schöne Beispiele sind das *Haus des Bürgermeisters* (früher Bibliothek) und das *Gästehaus des Parlaments*. Schräg gegenüber liegen das *Museum*, vor dem das Denkmal des Gouverneurs Sir William Gregory (1872–77) steht, und das *Rathaus*, 1927/28 im Stil des Kapitols in Washington erbaut. An der Nahtstelle zwischen modernem und exotischem

die *Town Hall* am Vihara Maha Devi Park, früher Victoria Park. Gegen ein Trinkgeld (etwa 150 Rps.) können Sie einen Blick in einen überraschenden Raum im ersten Stock tun. Dort sitzen Herren um einen Tisch herum, Sprecher der Singhalesen, Tamilen, Muslime, der holländischstämmigen Burgher, und auch ein Engländer gehört dazu; er heißt W. Shakespeare. Das Besondere an diesem Meeting: Die Herren sind verblüffend lebensnah aus Holz geschnitzt (und der britische Gentleman von damals hieß wirklich W. Shakespeare; das geht aus einem Foto hervor, das neben den Holzfiguren hängt).

Colombo, Ecke Main Street/Gaswork Street Junction, fällt ein schön renoviertes Gebäude im maurischen Stil auf: das **INSIDER TIPP** *Alte Rathaus*. Von diesem Haus aus – direkt daneben liegt die ehemalige *Markthalle* – wurden von 1873 bis 1928 die Geschicke der Stadt bestimmt. Danach zogen Rat und Verwaltung in

NATIONAL MUSEUM

Der weiße Bau im klassizistischen Kolonialstil, von gewaltigen Banyanbäumen umstanden, ist schon für sich genommen eine Sehenswürdigkeit. Im Nationalmuseum ausgestellt sind Funde aus der Vor- und Frühgeschichte Sri Lankas, (Galerie II), sakrale Kunst aus den antiken Königsstädten Anuradhapura (III) und Polonnaruwa (IV) sowie Kunst (und Kitsch: Staatsgeschenke aus aller Welt) aus Kandy (VI und VII) und anderen Orten, besonders aus der Region des kulturellen Dreiecks (V). Ein kleiner Saal

HEIRATSANZEIGEN

„Gut situierte Eltern, Vater Professor, Govigamabuddhist, suchen für ihren Sohn, 27, 1,75 m, Nichtraucher, Softwareingenieur, eine schlanke, vorzeigbare Braut. Mehr über unsere Familie und das Horoskop unseres Sohnes unter MG 7194". Eine typische Anzeige, wie sie jeden Sonntag zu Hunderten in den großen Zeitungen stehen. Wer diese Heiratsannoncen liest, erfährt viel über das Statusdenken und die gesellschaftliche Relevanz des srilankischen Mittelstands und der „besseren Kreise". Brautschau und die Suche nach einer guten Partie für die Tochter halten sich dabei die Waage. Immer wenden sich Eltern, die Mutter oder die Familie an die in Frage kommenden Schwiegerkinder, nie geben die jungen Leute ihre Wünsche an die Öffentlichkeit.

zeigt buddhistische Symbole und gibt eine interessante Einführung in die wichtigste Religion des Landes. Außerdem gibt es eine umfangreiche Bibliothek und Sammlungen von Kunsthandwerk und Volkskunst. *Tgl. 9–17 Uhr | Eintritt 500 Rps., Fotogebühr 1000 Rps. (!) | Sir Marcus Fernando Mawatha*

PETTAH ⭐

Muslimische und tamilische Händler prägen das bunte Bild dieses Basarviertels.

Sea Street, dem Kriegsgott Skanda geweiht) und Moscheen (meistfotografiert: *Jami ul Alfar, 2nd Cross Street/Bankshall Street,* rot-weißer Backsteinbau von 1909, mit Uhrturm) verleihen Pettah zusätzlich orientalisches Flair. Am lebhaftesten ist das Markttreiben zwischen 10 und 12 sowie nach 16 Uhr.

SEEMA MALAKA UND GANGARAMAYA

Wie eine kleine Insel ragt der Seema Malaka in den kleineren Beira Lake hin-

Muslimische und tamilische Händler prägen das Altstadtviertel Pettah

Es wird vom Hafen, vom Bahnhof und von den Busterminals begrenzt. Über die Main Street ist es mit dem Fort verbunden, ein kurzer Spaziergang. Ein Uhrturm markiert den Eintritt ins Viertel, wo Sie viele Zunftstraßen finden: In der *Gabo Lane* wird vorwiegend östliche (ayurvedische) Naturmedizin verkauft, in der *Sea Street* haben fast nur Juweliere und Goldschmiede ihre kleinen, verspiegelten Läden. Mehrere Hindutempel (der interessanteste: *Sri New Kathiresan Kovil* in der

ein. Die schlichten, dreigeteilten Holzpavillons gehören zum 1885 gegründeten Gangaramaya-Kloster vis-à-vis der Straße und verströmen mit ihren Buddhafiguren und dem Bodhibaum eine beschauliche Atmosphäre. 1978 errichtet, werden in der Haupthalle Mönchsordinationen abgehalten. Zum *Navam Poya*, dem Vollmond im Februar, zieht eine ● gewaltige Prozession mit Mönchen, Tänzern und Elefanten durch die Straßen bis zum Gangaramaya-Kloster. *Tgl. 5.30–23 Uhr |*

Eintritt 100 Rps. | Sir James Peiris Mawatha

WOLFENDAHL-KIRCHE ☆

Von Pettah aus führt die Wolfendahl Street (auch Wolvendaal geschrieben) durch das gleichnamige alte Holländerviertel leicht bergan bis auf einen Hügel. Dort steht unübersehbar die besterhaltene holländisch-reformierte Kirche des Landes. Sie wurde 1749 auf Fundamenten eines portugiesischen Gotteshauses erbaut. Offizielle Besichtigungszeiten gibt es nicht, aber meistens findet sich in dem angrenzenden Schulgebäude jemand, der die Kirche aufschließt. Sehenswert: alte Tauf- und Heiratsregister, die 400 Jahre alte Holländerbibel, der aus Tamarinde geschnitzte Taufbeckenständer, der Gouverneursstuhl und die Orgel. *150–200 Rps., Trinkgeld angemessen*

ESSEN & TRINKEN

CRICKET CLUB

Eine anregende Adresse im Szeneviertel Kollupitiya, vor allem für die Lunchzeit: preiswerte, leichte Gerichte, z. B. gute Pastas und Salate – und ein Service, so frisch und freundlich wie das vorwiegend junge Publikum. Beliebter Treffpunkt auch der Europäer, die in Colombo arbeiten. Die Dekoration entspricht dem Motto des Caférestaurants: viele Pokale und Poster. *34 Queens Road | Tel. 011 2 50 13 84 | €€–€€€*

INSIDER TIPP ▶ DELI MARKET

Bei den Büroleuten rund um das 39-stöckige Welthandelszentrum (WTC) in der City sind die etwas gehobeneren Snackimbisse angesagt. Am besten ist der Deli Market mit der Wahl zwischen italienischen, chinesischen, indischen, Thai- und Grillständen: eine ideale Möglichkeit, mit jungen, gut englisch sprechenden *executives* ins Gespräch zu kommen. Das Essen ist prima, die Preise sind niedrig. *Level 3 im World Trade Center am Echelon Square*

INSIDER TIPP ▶ FLAG & WHISTLE ☆

Das Restaurant bietet vom 5. Stock des Setmil-Gebäudes einen schönen Blick auf den Hafen. Mit seinen hohen Decken und großen Fenstern wirkt es schick und großzügig. Beliebt ist die deutsche Traditionsküche ebenso wie die Asienspezialitäten, das Pub und der Biergarten sind eine Institution. Kleidungstechnisch ist sportlich-leger angebracht. *256 Srimath Ramanathan Mawatha | Tel. 011 2 48 55 00 | €€€*

GALLERY CAFÉ

Der Dinnertreffpunkt der Jungen und Schönen. Sie nehmen gern die schummrige Beleuchtung in Kauf, wenn sie nur einen Platz im Hof bekommen, unter zeltähnlichen Stoffbahnen: *very stylish, very trendy.* Die Speisekarte ist sowohl mediterran als auch asiatisch geprägt. *2 Alfred House Road | Tel. 011 2 58 21 62 | €€€*

PARK STREET MEWS

Das beliebte Restaurant liegt in einer netten Seitenstraße östlich des Beira Lakes. In der einstigen Lagerhalle aus dem frühen 20. Jh. wird gute internationale Küche von Biryani bis Pasta serviert. Am Wochenende gibt es ganztägig leckeres srilankisches Frühstück. Freitags ist Lifemusik angesagt. *50/1 Park Street | Tel. 011 2 30 01 33 | €€*

EINKAUFEN

Originelle und landestypische Kleinigkeiten finden Sie leicht in den Basarstraßen von Pettah. *Cargills*, das alte Kolonialkaufhaus in der York Street, ist zwar auch im Innern für Nostalgiker durchaus sehenswert, hat aber ein etwas muffiges Angebot. *Laksala,* gleich nebenan, ist noch verstaubter: mehr Kitsch als gutes Kunsthandwerk.

BAREFOOT

Barbara Sansoni, eine in Colombo sehr bekannte, ideenreiche Persönlichkeit mit ausgeprägt gutem Geschmack, sorgt mit ihrem Angebot immer wieder für Überraschungen. Schöne Webarbeiten gehören dazu (z. B. Sets, Decken), hübsche Stoffe, witzige Kleinigkeiten (z. B. Notizbücher mit Papier aus Elefantendung) sowie ein breites Sortiment an Postkarten und Büchern über Sri Lanka; sehr nettes und schattiges Gartencafé hinter dem Haus. *704 Galle Road*

EDELSTEINE

Wer sich außerhalb seriöser Geschäfte, womöglich am Strand, Saphire, Mondsteine oder andere glitzernde Preziosen hat aufschwatzen lassen, kann deren Wert und vor allem die Echtheit schätzen lassen, z. B. in den Büros der *Gem & Jewellery Exchange* | *310 Galle Road* und im *World Trade Center* | *East Block, Nor. 27 A/2, Level 4 und 5*

MAJESTIC CITY

Das feinste der drei großen Einkaufszentren Colombos (die anderen heißen *Liberty* und *Unity Plaza*) beherbergt viele Geschäfte für Textilien, Bücher, Tee und Gewürze und das beste Kino der Stadt. *Galle Road*

ODEL

Vielseitig sortierter Shop; anspruchsvoll, aber nicht besonders teuer: Mode, Schuhe, Schmuck, aber auch Bücher, Tee und geschmackvolle Mitbringsel. *5 Alexandra Place*

INSIDER TIPP ▶ PARADISE ROAD

Anspruchsvolles Kunsthandwerk, Antiquitäten und einige moderne Objekte vorwiegend einheimischer Künstler im Herzen des Fortviertels. Ein kleines Bistro gehört auch dazu. *213 Dharmalpala Mawatha.* Sehr witziger Studioableger, auch Verkauf: *12 Alfred House Garden, neben dem Gallery Café*

SELYN 🌱

Hier kaufen Sie Schönes für einen guten Zweck. Der Laden bietet kunterbunte Stoffe, Kleider, Spielsachen und Dekor aus Baumwolle, die von einer Fraueninitiative in der Nähe von Kurunegala hergestellt wurden. *102 Fife Road* | *www. selyn.lk*

FREIZEIT & SPORT

REGAL COLOMBO ●

Das Art-Déco-Kino aus den 1930er-Jahren ist eine cineastische Institution. Gezeigt werden vorwiegend srilankische Filme, bei denen Sie vermutlich nicht viel verstehen, aber allein die Atmosphäre ist ein Besuch wert. Zudem kommen Sie schnell mit den Einheimischen in Kontakt. *8 Sir Chittampalam A. Gardiner Mawatha* | *Tel. 011 2 43 29 36*

SPA CEYLON ●

Im Ambiente geschmackvoller *locations* wie dem *Dutch Hospital* oder der *Park Streets Mews* können Sie beim Spa-Anbieter zwischen Massagen, diverse Ayurveda-Anwendungen wie Shirodara und Body Wraps wählen. Zudem werden hochwertige Wellness- und Beautyprodukte verkauft. *Tgl. 10–23 Uhr* | *Dutch Hospital, Courtyard II* | *Hospital Street* | *Tel. 011 2 44 19 31 und 5 66 66 63* | *Park Street Mews* | *48D Park Street* | *Tel. 011 5 34 00 11 und 2 30 76 76* | *www.spa ceylon.com*

AM ABEND

Das Nachtleben in „Cool-ombo" kann sich zwar nicht mit dem anderer asiatischer Metropolen messen, doch gibt es genügend Orte, um sich zu amüsieren. Der etablierte *Clancy's Pub (29 Maitland Crescent)* bietet freitags und samstags ab 22 Uhr rockige Akkorde lokaler Bands. Im *Rhythm & Blues (19/1 Daisy Villa Avenue/R. A. de Mel Mawatha)* trifft sich die lokale Musikszene. Hier kann man fast täglich guter Lifemusik lauschen, bevor es zu später Stunde in den **INSIDER TIPP** *Club Mojo* im *Taj Samudra Hotel* oder in den *Zouk Club* im *Galadari Hotel* geht.

ÜBERNACHTEN

Colombo hat als Sri Lankas wichtigstes Geschäftszentrum reichlich Betten im Luxus- und Viersternebereich sowie eine zunehmende Zahl stilvoller Boutiquehotels und Villen. Weitere Projekte internationaler Hotelketten sind geplant. Noch gilt das *Hilton* als die Nummer eins, gefolgt vom *Cinnamon Grand,* dem *Taj Samudra* und dem *Cinnamon Lakeside.* Wer es individueller mag, findet mit dem *Tintagel,* der *Lake Lodge* und dem *Casa Colombo* eine gute Auswahl an stilvollen Boutiquehotels. Die folgenden Häuser verbinden auf wunderbare Weise nostalgischen Charme mit Komfort.

GALLE FACE HOTEL ⭐

Es ist die älteste Herberge der Insel, 1864 gegründet und eine Legende unter den Kolonialhotels. Im Nordflügel liegt der Classic Wing, im Südflügel der edlere Regency Wing. Ob Hausgast oder nicht, für alle Colombo-Besucher ein Muss: auf die Veranda zum ● opulenten Frühstück mit leckeren *String Hoppers* oder nachmittags zum *High Tea;* in die Checker-board Bar zum Sundowner. Vier Bars, neun Restaurants, Shopping Arcade, Spa und großer Pool. *147 Zi. | 2 Galle Road | Tel. 011 2 54 10 10 | www.gallefacehotel. com | €€€*

INSIDER TIPP ▶ THE HAVELOCK PLACE

In diesen beiden liebevoll restaurierten Häusern aus der britischen Zeit fühlen sich Künstler und *sophisticated traveller* wohl. Sie entspannen im lauschigen Garten mit Pool und Jacuzzi und genießen z. B. hausgemachtes Eis. *7 Zi. | 6–8 Havelock Place | Tel. 011 2 58 51 91 | www. havelockbungalow.com | €€*

PARK STREET HOTEL

Diese 250 Jahre alte Kolonialvilla unweit des Beira Lake birgt viel Flair. Zwölf geschmackvolle Zimmer und Suiten einschließlich Pool – ein Refugium im

Koloniale Nostalgie: das Galle Face Hotel

Ort zum Träumen: Von der Terrasse des Hotels Mount Lavinia haben Sie alles im Blick

lauten Colombo. *20 Park Street | Tel. 011 5 76 95 00 | www.parkstreethotel-colombo.com | €€€*

AUSKUNFT

SRI LANKA TOURISM PROMOTION BUREAU
80 Galle Road | Tel. 011 2 43 70 59 | www.srilanka.travel

ZIELE IN DER UMGEBUNG

DUTCH CANAL ⭐
(136 A6, 140 A1) (*🗺 B13–14*)
Dieser Wasserweg, vor etwa 300 Jahren von den Niederländern für den Zimt-transport gebaut, führt über mehr als 120 km nach Norden bis Puttalam.
Am spannendsten ist der etwa 25 km lange Abschnitt des Zimtkanals von der Hauptstadt bis kurz vor Negombo: Hier wird gefischt und gebadet. Die schmale Straße am Hamiltonkanal (benannt nach einem britischen Ingenieur, der die Ufer befestigte) ist der schönste Nebenweg nach Negombo, zu empfehlen auch für Radler.

KELANIYATEMPEL ⭐
(140 A1) (*🗺 C14*)
Der großartige buddhistische Tempel-bezirk am Fluss Kelani, nur 10 km vom Zentrum Colombos entfernt, ist ein eindrucksvoller Ort alltäglicher Gläubig-keit. Nur der Zahntempel in Kandy und der große Bodhibaum in Anuradhapura werden noch stärker verehrt. Die Bedeu-tung des *Raja Maha Vihara* (Königlicher Großer Tempel) von Kelaniya geht auf eine Legende zurück: Buddha selbst soll hier auf einem Thron gesessen ha-ben, der angeblich als Reliquie unter der weißen Dagoba aufbewahrt wird. Jeden Tag legen die Gläubigen Blüten vor die Statuen. Besonders viele Pilger kommen an Vollmondtagen. Das Tor zum heiligen Bezirk von Kelaniya hat John Hagenbeck, der um die Wende zum 20. Jh. in Co-lombo lebte, kopiert und am Eingang zu Hagenbecks Tierpark in Hamburg aufge-stellt. *Eintritt frei*

MOUNT LAVINIA (140 A2) (*B14*)

Der Bade- und Villenvorort im Süden der Stadt, schnell mit der Bahn zu erreichen, verdankt seine Berühmtheit dem gleichnamigen Hotel. Es wurde 1877 in einem weißen Prachtbau eröffnet, den sich Gouverneur Thomas Maitland 70 Jahre zuvor als Zweitresidenz hatte bauen lassen. Seit über 100 Jahren gehört das *Mount Lavinia (226 Zi. | 100 Hotel road | Tel. 011 2 71 17 11 | www.mountlaviniahotel.com | €€€)*, zu den legendären Kolonialhotels in Asien. Der klobige Anbau aus den 1980er-Jahren ist zwar wahrlich keine Schönheit, trotzdem atmet man noch überall den Geist des untergegangenen Empires. Wer je den Nachmittag auf der 🌿 Poolterrasse, mit Blick übers Meer und auf die Hochhäuser von Colombo, verträumt hat, wird den Zauber verstehen, der von diesem Ort ausgeht. Der breite, aber nicht sehr lange Hotelstrand ist sehr gepflegt. Einen Steinwurf vom Hotel bietet das populäre INSIDER TIPP ▶ *Boat Haus Café (37 Beach Road | Tel. 011 2 73 27 55)* am Strand von Mount Lavinia nicht nur eine entspannte Beachatmosphäre, sondern auch herrliche Seafoodgerichte.

NEGOMBO

(136 A6) (*B13*) Wechselvolle Karriere eines Badeorts, der mit seinen Vororten inzwischen eine Großstadt ist (über 100 000 Ew.): In den 1970er-Jahren begann hier der organisierte Badetourismus auf Sri Lanka.

Jahrelang galt Negombo als eher mittelmäßiges Massenziel. Neuerdings jedoch bemüht man sich mit einer Qualitätsoffensive um anspruchsvolleres Publikum – mit neuen Hotels, verbessertem Strand und einem gepflegten Nachtleben. Negombo ist auch eine gute Adresse für den Stopover am Anfang oder Ende einer Rundreise, weil der Flughafen nur knapp 10 km entfernt ist. Die weitläufige, von Portugiesen und Holländern zur Handelsstadt ausgebaute Fischersiedlung hat ein lebhaftes Gepräge mit bunten Märkten, vielen Kirchen und Kolonialbauten.

SEHENSWERTES

INSIDER TIPP ▶ **FISCHMARKT**

Jeden Morgen bis 11 Uhr herrscht buntes Treiben auf dem Fischmarkt südlich der Einfahrt zur Lagune. Nachmittags nähern sich die traditionellen Boote, *oruwas*, mit geblähten Segeln dem Strand – ein beliebtes Fotomotiv. Sehenswert sind auch die *christlichen Friedhöfe* im Dünensand südlich von Negombo, *Karawasiedlungen* auf der Insel Duwa nördlich der Lagune und der *Sonntagsmarkt* unter Luftwurzelbäumen im alten Fort, das seit fast 200 Jahren als Gefängnis dient.

ESSEN & TRINKEN

ICEBEAR CENTURY CAFÉ ● 🐾

Der über 100 Jahre alte Kolonialbau im Herzen Negombos ist ein rosa Traum: das Ambiente im Inneren stilvoll wie ein Wiener Kaffeehaus und schon deshalb ein lohnenswertes Zeil für ein spätes Frühstück oder einen gemütlichen Kaffee. Die Produkte sind meistens Fair Trade, Geschmack und Qualität werden großgeschrieben. Es gibt auch guten Mittagstisch. *25 Main Street*

INSIDER TIPP ▶ **OYSTERS**

Sebastian war jahrelang Chef in Amerika, bevor er den elterlichen Betrieb mit frischen Ideen übernommen hat: offene Schauküche, knackige Salate, die besten Hamburger weit und breit. Hier werden auch gern private Partys mit Gast-DJs gefeiert. *92 Poruthota Road, Ethukala | Mobil 0777 28 87 11 | €–€€*

THE LORDS RESTAURANT

In schickem Ambiente werden edle asiatische Gerichte mit herrlichem Seafood serviert. Zum Verdauen geht es in die Bar oder in die Galerie. *80 B Poruthota Road (gegenüber dem Hotel Jetwing Blue)*

RODEO

Sympathischer Laden im Westernlook, Treffpunkt der Europäer, die in dieser Gegend leben: gutes Essen (Steaks), gute Drinks (Corona Bier!). *35A Poruthota Road (zwischen Topaz und Jetwing Blue)*

THE ICEBEAR

Perfekter Platz zum tropischen Chillout. Acht gemütliche Zimmer und zwei Ferienwohnungen rund um einen lauschigen Garten. Ayurveda-Massagen und Meer. Wer trotzdem weg will: kostenloser Fahrradverleih. *95/2 Lewis Place | www. icebearhotel.net | €–€€*

VILLA ARALIYA

Nur wenige Gehminuten vom Strand entferntes Resort mit 13 sehr eleganten Zimmern und fünf familientauglichen Apartments. Ein netter Swimmingpool und ein gutes Restaurant mit schmackhaften Fischgerichten und Pizzas gehören dazu. *Kochchikade (5 km nördlich der City) | Tel. 031 2 27 76 50 | €€*

LOW BUDG€T

▶ Samstags und sonntags entsteht an der Südseite des Viharamahadevi Parks entlang der Coomaraswamy Mawatha in Colombo Sri Lankas längste Galerie mit tollen Gemälden für wenig Geld. Hier präsentiert sich die lokale Kunstszene.

▶ Der *Food Court* im Untergeschoss des Einkaufszentrums *Crescat Boulevard (75 Galle Road | Colombo)* bietet eine reiche Auswahl an günstigen Gerichten ab 1,50 Euro an.

▶ Das *Parisare (97/1 Rosmead Place | Tel. 011 2 69 47 49)* liegt in Colombos feinem Stadtteil Cinnamon Gardens und vermietet günstig drei wohnliche Zimmer in einem Privathaus.

ZIELE IN DER UMGEBUNG

KALPITIYA (132 A4–6) (*m B8–9*)

Die Kalpitiya-Halbinsel, 130 km nördlich von Negombo, trennt die langgezogene Puttalam-Lagune vom offenen Meer und soll zusammen mit den 14 in der *Dutch Bay* verstreut liegenden Inseln zu einer Luxus-Destination ausgebaut werden. Schon haben die ersten Edelresorts ihre Pforten geöffnet. Reizvolle Tauchspots wie der *Reef Bar* und perfekte Wellen fürs Kitesurfen *(Kitekuda Camp | Tel. 072 2 23 29 52 | www.sri lankakiteschool.com)* machen die Gegend vor allem für Wassersport-Enthusiasten interessant. Zudem ist das Meer vor Kalpitiya bekannt als bester Spot für die **INSIDER TIPP** Beobachtung von Delfinen, die oft zu Hunderten durchs Wasser pflügen.

Die der Mutter Mariens geweihte *St. Anna-Kirche* in Talawila ist einer der bekanntesten christlichen Wallfahrtsorte der Insel. Im vorwiegend von Muslimen bewohnten Ort Kalpitiya am Ende der Halbinsel erinnern das 1676 errichtete *Fort Calpentyn* und die heruntergekommene *Pieterskerk* an die lange Präsenz der Holländer. Die Unterkünfte sind nicht unbedingt billig, bieten aber guten Komfort, wie etwa das *Makara Resorts – Dolphin Beach (Alankuda, Ettalai | Tel. 077 7723272 | www.dolphinbeach.lk)* mit großen klimatisierten Luxuszelten im indischen Rajasthan-

entweder im *Kumudu Valley Resort (10 großzügig eingerichtete Chalets | Thaldeka Road, Naimadana | Tel. 031 225227 | www.kumuduvalley.com | €€)* oder in günstigen Hotels und *Guesthouses* nahebei.

Negombo: Nachmittags kehren die Fischerboote an den Strand zurück

Stil, individuellen Butlerservice und interessanten Ausflugsprogrammen.

KUMUDU VALLEY (136 A5) (*B12*)

So heißt der wohl heißeste Spot für alle neuen und bekannten Wassersportarten auf der Insel, am schönsten in der Wintersaison (November bis April). An der Mündung des Ging Oya bei Kochchikade, 5 km nördlich von Negombo, betreibt Holger Brümmer ein Trainingscamp für Wasserski, Kitesurfen und vor allem **INSIDER TIPP** Wakeboarden *(Mobil 0777 362458, Mobil im Sommer in Deutschland 0172 9402687 | www.wakeboardcamps.de)*. Das ist eine trendige Skateboardvariante auf dem Wasser; man steht auf einem Brett und wird von einem Boot gezogen. Die Atmosphäre ist jung und locker. Die Teilnehmer wohnen

INSIDER TIPP MARAWILA (136 A5) (*B12*)

Das kleine Küstendorf etwa 20 km nördlich von Negombo ist berühmt für seine Batikprodukte. Hier hat auch die bekannte Firma Budhi ihren Sitz. Hier wie auch in Waikkal, das etwas näher an Negombo liegt, machen vor allem Pauschaltouristen All-inclusive-Urlaub, z. B. in den beiden Mittelklassehotels *Dolphin (148 Zi. | Kammal South, Waikkal | Tel. 031 2277788 | www.serendibleisure.com | €€)* und *Ranweli Holiday Village (84 Zi. | Waikkal | Tel. 031 2277359 | www.ranweli.com | €€)*. Die Region zwischen Waikkal und Marawila ist noch recht ursprünglich, die Strände sind lang und naturbelassen. Das tropisch-grüne Hinterland besticht durch Kanäle, Lagunen und endlose Kokospalmhaine.

DER SÜDEN

Dies ist die meistbesuchte Strand-region, eine tropische Küstenlandschaft mit traumhaft schönen Buchten – kein Hochhaus stört. Unterbrochen werden die Strände nur von einigen sehenswerten Städten mit kolonialem Ambiente.
Die in der holländischen Periode festungsmäßig angelegte Altstadt von Galle ist der schönste dieser Orte. Die Straßen- und Stranddörfer Beruwala, Alutgama und Bentota sind mit ihren Shops, Schneidereien, Bars und Hotels fast zusammengewachsen. Zwischen Kalutara und Galle und weiter nach Süden und Südosten, haben sich die großen Hotels und die kleinen Pensions- und Restaurantbesitzer viel Mühe gegeben, ihre Anlagen nach den Zerstörungen durch den Tsunami neu herzurichten.

Hikkaduwa und Unawatuna sind mit ihren vielen Budget-Unterkünften Sri Lankas beste *beach locations* für Partygänger, während die lauschigen Buchten und Strände östlich von Matara, allen voran in Mirissa, die Ruhesuchenden anziehen.

BENTOTA/ BERUWALA

(140 B3–4) (_ C16) Ein langes Band von Palmen und Strand erstreckt sich 60 km südlich von Colombo. Hier liegen mit Beruwala und Bentota Sri Lankas berühmteste Badeorte. Dazwischen schiebt sich der kleine Badeort Alutgama.

Bild: Strand bei Ambalangoda

Traumhafte Strände und ein spannendes, grünes Hinterland – in Sri Lankas Süden finden Naturliebhaber ihr Glück

Vor allem der schmale Küstenstreifen zwischen dem Bentotafluss und dem Meer wurde schon in den 1970er-Jahren für den Strandtourismus entwickelt. Hier konzentrieren sich die meisten Hotels und Gästehäuser. Wassersportfreunde kommen bestimmt auf ihre Kosten: Die vorgelagerten Riffe laden zum Schnorcheln ein, der breit und schlammig ins Meer mündende Bentotafluss eignet sich für Bootstouren ins Hinterland. Je weiter man fährt, desto mehr Urwaldromantik stellt sich ein. Richtig lauschig wird es für jene, die auf den lauten und stinkenden Außenborder verzichten und frühmorgens mit Auslegerbooten durch das Tropenidyll gleiten. Dann entpuppt sich der Fluss auch als richtiges Vogelparadies.

Achtung: Das Meer kann an diesem Küstenabschnitt recht tückisch sein. Durch die Gezeiten bedingt, herrschen an manchen Stellen nicht nur zur Monsunzeit erhebliche Unterströmungen. Daher sollten Sie die lokalen Warnungen unbedingt ernst nehmen.

Kachchimalai bei Beruwala:
die älteste Moschee der Insel

SEHENSWERTES

FISCHMARKT IN BERUWALA

Am Hafen neben der alten Moschee spielt sich jeden Morgen ein faszinierendes, wenngleich blutiges Schauspiel ab. Im Sand werden die angelandeten Fänge, Barrakudas und Schwertfische, Haie und Thunfische, leider sogar manchmal kleine Wale, zerteilt. Sanfter gestaltet sich eine **INSIDER TIPP** Bootstour zum Leuchtturm, der auf einem Felsen vor der Küste thront. Der Trip kostet nur wenige Rupien (umgerechnet etwa 1,50 Euro), dauert auch nur ein paar Minuten, aber von der ☙ Turmspitze haben Sie einen guten Ausblick und können Moschee, Hafen und Palmenküste bestens fotografieren.

KACHCHIMALAI-MOSCHEE ☙

Das älteste islamische Gotteshaus auf Sri Lanka liegt auf einer Halbinsel bei Beruwala. Von der Terrasse bietet sich ein phantastischer Blick auf eine der vielen Traumbuchten, mit denen die Südwest-

küste gesegnet ist. Die Moschee stammt vermutlich aus dem 13. Jh., doch haben sich hier arabische Kaufleute bereits im 1. Jh. niedergelassen. Beruwala hat sich seinen traditionell muslimischen Charakter bewahren können. *Tgl. 8–18 Uhr*

ESSEN & TRINKEN ÜBERNACHTEN

Zwischen Beruwala und Indurawa, südlich von Bentota, befinden sich entlang der viel befahrenen A 2 zahlreiche kleine Restaurants. Das *Golden Grill* in Bentota (am National Holiday Resort) gehört zu den bewährten Lokalen, zu denen auch die Urlauber aus den Strandhotels pilgern. Gute Küche zu niedrigen Preisen – auch für Nichtgäste – bieten in der Regel die von den Inhabern geführten kleinen Hotels. Sie haben beste Kontakte zu den Fischern aus dem Ort und kaufen frisch aus dem Netz ein, z. B. das *Hemadan,* das *Sunil Lanka* und das *Terrena,* in dem zusätzlich mit Anklängen an die österreichische Heimat der Besitzer gekocht und in gemütlicher Atmosphäre serviert wird *(jeweils €).*

AIDA (AYURVEDA)

Dieses sehr schön und weiträumig angelegte Resort am Bentotafluss hat einen guten Ruf. Der gilt für Ambiente, Ärzte und Behandlung gleichermaßen. Ein großer Garten mit Swimmingpool gehört dazu *(12 A Mangoda Mawatha | Tel. 034 2 27 11 37 | www.aidaayurveda.com | €€–€€€).* Wesentlich kleiner, fast intim, ist das *Aida 2 (Tel. 034 2 27 18 88 | €€–€€€)* in Indurawa, zehn Autominuten nördlich; es hat nur zehn schöne Zimmer. Nachteil: Der Lärm der Galle Road, an der Aida 2 liegt, ist unüberhörbar.

AYUBOWAN SWISS LANKA

Die familienfreundliche Anlage im Süden Bentotas liegt 100 m vom Strand entfernt. Das Schwimmbad in einem Tropengarten und sechs Zimmer unterschiedlicher Standards machen es für jedes Budget zur guten Wahl. *171 Galle Road | Tel. 034 2 27 59 13 | www. ayubowan.ch | €–€€*

HEMADAN

Freundliches Gästehaus mit Restaurant im Ortsteil Alutgama, direkt am Bentotafluss. Die besten Hummer und *jumbo prawns* weit und breit. Inhaber Hemasiri gibt gern Auskunft, wo und wie man Flussfahrten organisiert. *10 Zi. | 25 A River Avenue | Tel. 034 227 53 20 | www.hema dan.dk | €*

LANKA PRINCESS

Großes, vierstöckiges Strandhotel unter deutscher Leitung in Beruwala. Viele Pauschalurlauber haben hier Ayurveda kennengelernt und sind als Kurgäste wieder gekommen. Ayurveda-Gäste haben ein eigenes Restaurant. *110 Zi. | Tel. 034 2 27 67 11 | www.lankaprincess.com | €€€*

INSIDER TIPP ▸ SINGHARAJA BAKERY & RESTAURANT

Unterfranken meets Sri Lanka: Heinz Hausotter leitet die beste Backstube an der Westküste. Unten gibt es Gebäck und Brote, im Obergeschoss ein sauberes Büfett-Restaurant. *120 Galle Road | €–€€*

VIVANTA BY TAJ – BENTOTA

Wohl das angenehmste unter den großen Komforthotels an der Südwestküste. Es liegt etwas erhöht über einem der längsten Strände der Insel, mit großem Garten und vielen Einrichtungen für anspruchsvolle Gäste. Auch hier, wie bei den meisten Strandhotels der Gegend, rattert ein paar Mal am Tag die Bahn im Hintergrund; aber man hört sie kaum. *162 Zi. | Tel. 034 5 55 55 55 | www. vivantabytaj.com | €€€*

FREIZEIT & SPORT

BENTOTA CLUB

Für das bekannte Resort ist Bentota die „Hauptstadt des Wassersports". Es erstreckt sich auf einer Halbinsel zwischen Bentotafluss und Meer. Das Sportangebot ist vielfältig und kann auch von Gästen gebucht werden, die nicht in dem Resort nächtigen. *Paradise Island, Alutgama | Tel. 034 2 27 51 67 | www. clubbentota.com*

SUNSHINE WATERSPORTS

Thusal Gunawardena bietet mit seinem jungen Team von Jetski bis Wakeboarding, von Bananenreiten bis Hochsee- und Flussfischen so ziemlich alles an, was Urlaubern am, auf und unter dem Wasser Spaß macht – auch Tauch- und Surfkurse. Thusal spricht Deutsch, kennt die Region und hat gute Tipps für Ausflüge auf Lager. *River Avenue, Alutgama | Tel. 034 4 28 93 79 | www.sunshinewater sports.net*

MARCO POLO HIGHLIGHTS

★ **Brief Garden**
Ein Paradies für Liebhaber grüner Oasen → S. 50

★ **Altstadt von Galle**
Ein lebendiges Freilichtmuseum mit Zeugnissen der Kolonialzeit → S. 50

★ **Mirissa**
Preiswerte Unterkünfte und nette Lokale am Traumstrand → S. 52

★ **Yala West National Park**
Elefanten, Büffel, Leguane und Vögel im Reservat aufspüren → S. 54

AHUNGALLA (140 B4) (*Ø C17*)

Langer Traumstrand etwa 15 km südlich von Bentota. Aus den angrenzenden Palmen ragen nirgendwo hohe Bauten heraus. Es ist der schönste Küstenabschnitt zwischen Bentota und Galle. Wer Strandwanderungen machen will, muss leider mit nervigen Schleppern, selbst ernannten Reiseleitern und „Spendensammlern" rechnen. Die *Lotus Villa (14 Zi. | 162/19 Wathuregama, Ahungalla | Tel. 091 2 26 40 82 | www.lotus-villa.com | €€)*, eines der bewährten Ayurveda-Resorts an dieser Küste, bietet mindestens zweiwöchige Panchakarmakuren an.

AMBALANGODA (140 B5) (*Ø C17*)

Ein lebhafter Basar, eine Kirche aus holländischer Zeit und die Holzboote der Fischer machen Ambalangoda (22 km südlich von Bentota), zu einem freundlichen Ausflugsziel. Berühmt ist der Ort für seine Maskenschnitzer. Der traditionsreichste Familienbetrieb ist der von *Ariyapala & Sons (426 Patabendimulla)*, dem ein sehenswertes *Maskenmuseum (tgl. 8–18 Uhr | Eintritt frei)* angeschlossen ist.

BRIEF GARDEN ⭐ ●
(140 B4) (*Ø C16*)

Der verwunschene Park etwa 10 km nordöstlich von Bentota war Refugium des skurrilen Lebenskünstlers Bevis Bawa (1992 gestorben). Nicht nur Freunde der Botanik werden diesen Ausflug ins Paradies genießen. Vom Ortsteil Alutgama führt der Weg nach Osten durchs Muslimdorf Dharga und weiter durch Kautschukplantagen. *Tgl. 9–17 Uhr | Eintritt 1000 Rps.*

KALUTARA (140 B3) (*Ø C15*)

Aus dem Ortsbild der Stadt (110 000 Ew.) 31 km nördlich von Bentota ragt eine Dagoba heraus, die zur Tempelanlage *Gangatilaka Vihara* gehört. Hier halten alle einheimischen Fahrer, soweit sie Buddhisten sind, für ein kurzes Opfer an. Sie werfen ein paar Münzen in einen Kasten, legen vielleicht noch Blumen vor eine der vielen Buddhastatuen unter den Banyanbäumen auf der anderen Straßenseite, gegenüber der großen Dagoba. Das alles soll ihnen gute Fahrt und glückliche Heimkehr sichern. Die Einheimischen freuen sich, wenn Besucher aus dem Westen sich diesem Brauch anschließen.

GALLE

(136 C6) (*Ø D18*) **Ein wenig wirkt Sri Lankas besterhaltene Altstadt aus der holländischen Zeit (17./18. Jh.) wie ein belebtes Freilichtmuseum, das vor der modernen Großstadt (120 000 Ew.) liegt.**

Das Fort ist in den letzten Jahren sehr populär geworden. Eine zunehmende Zahl betuchter Westler lässt sich hier nieder. Neue Boutiquen und Cafés entstanden, alte Häuser avancierten zu edlen Hotels. So zählt das 1865 eröffnete New Oriental Hotel unter dem Namen Amangalla zu den besten Unterkünften der Südküste.

ALTSTADT VON GALLE ⭐

Verschaffen Sie sich einen ersten Überblick: Machen Sie eine Wanderung auf den grasüberwachsenen Wällen der alten Festung einmal rund ums Fortviertel, vorbei an den Bastionen (vom Neuen Tor aus gesehen gegen den Uhrzeigersinn) Mond, Stern, Aeolus, Clippenberg, Neptun, Triton, Utrecht, Aurora, Akerslot, Zwart und Sonne, am Leuchtturm und am ehemaligen New Oriental Hotel. Die

Ursprünge des Forts liegen im 16. Jh. Damals bauten die Portugiesen an diesem Felsen (singhalesisch: *gala*) eine kleine Festung. Sie machten aus dem Wort Gala den Ortsnamen *Gallo* (portugiesisch: Hahn). Der ziert noch immer das Stadtwappen, gut sichtbar auf der Innenseite des Alten Tors. Von 1640 bis 1796 drückten die neuen Kolonialherren, die Holländer, dem Viertel ihren Stempel auf. Sie bauten die Festung aus und errichteten Kirchen. Besuchen Sie unbedingt die *Groote Kerk*. Diese einst reformierte, später presbyterianische und anglikanische Kirche stiftete 1754 die Frau des niederländischen Festungskommandeurs. Bummeln Sie vom Leuchtturm aus an der großen Moschee vorbei (früher eine Kirche) durch die Straßen *Leyn Baan*, *Church Street* und *Church Cross*. Die Pettah, wie das bunte Basarviertel auch hier heißt, liegt außerhalb des Forts, gegenüber dem Kricketstadion im neuen Viertel.

Spuren der Kolonialherren sind überall in Galles Altstadt zu finden

HISTORISCHES HERRENHAUS

Der muslimische Kaufmann Gaffar hat hier zusammengetragen, was einst zu einem holländischen Haushalt gehörte. Außerdem gibt es eine Kunstgalerie und einen hübschen Innenhof. *Tgl. 9–18 Uhr | Eintritt frei | 31–39 Leyn Baan Street*

ESSEN & TRINKEN

Innerhalb des Forts gibt es eine zunehmende Zahl gemütlicher Cafés und Restaurants. Auch geschichtsträchtige Hotels wie *Fort Printers* in der Pedlar Street oder das *Galle Fort Hotel* in der Church Street laden zur Einkehr ein.

PEDLAR'S INN CAFÉ

Im Gebäude des ehemaligen kolonialen Postamts können Gäste von morgens bis abends zu einem guten Frühstück, zu leckerem Kaffee und Kuchen oder zum Dinner einkehren. *92 Pedlar Street | www.pedlarsinn.com | €*

SERENDIPITY ARTS CAFÉ ●

Ob am langen Gemeinschaftstisch mit funky Bildern und Graffitis an den Wänden oder auf dem Balkon im 1. Stock, die Atmosphäre ist gut und das Essen ganz passabel. Genügend Lesestoff bieten die Bücher im Regal. *56 Leyn Baan Street | €*

EINKAUFEN

Fliegende Händler bieten im Fortviertel Spitzentischdecken (englisch: *lace*) und Schnitzereien an. In den Gassen lassen sich hübsche Geschäfte entdecken. Einige Juwelenhändler arbeiten mit Kunsthandwerkern zusammen. *A. R. M. Cassim (57 Leyn Baan Street)* hat schöne alte Stücke.

ÜBERNACHTEN

INSIDER TIPP ► CLOSENBERG ☼

Einst die Villa des Hafenkapitäns Bailey, seit Anfang des 20. Jhs. ein Hotel hoch über der Bucht von Galle, 3 km östlich von Galle-Fort. Guter Platz für einen Sundowner und für ein stilvolles Essen. *21 Zi. | 11 Closenburg Road | Tel. 091 2 23 22 41 | www.closenburghotel.com | €€*

Traumziel: Strand von Mirissa

DUTCH HOUSE/SUN HOUSE

Wer sich die vier teuren Suiten im Dutch House (Doomberg) aus dem Jahr 1712 leisten kann, wird das Ambiente genauso schätzen wie jenes im Sun House gegenüber, das sich ein schottischer Gewürzhändler 1860 erbauen ließ. Kein Verkehrslärm dringt in diese Luxusidylle, das Menü wird auf der Terrasse zelebriert, die in den Garten übergeht. Alles vom Feinsten. *18 Upper Dickson Road | Tel. 091 4 38 02 75 | www.thesunhouse.com | €€€*

JETWING LIGHTHOUSE

Eines der komfortabelsten Küstenhotels der Insel, mit einem Traumstrand vor dem großen Garten, 3 km westlich von Galle. Das Haus ist mit Anklängen an holländische Kolonialbauten gestaltet. *60 Zi. | Dadella | Tel. 091 2 22 37 44 | www.jetwinghotels.com | €€€*

ZIELE IN DER UMGEBUNG

MIRISSA ★ (141 D6) (∅ E18)

Schon der Name klingt nach Traumstrand. Die kleine Bucht ist Lieblingsziel vieler Traveller, darunter zahlreiche Freaks im Wellenreiten. Unter den Unterkünften ragt das *Palace Mirissa (Coparamulla | Tel. 041 2 25 13 03 | www.palacemirissa.com | €€)* heraus: neun Cabanas auf einer Klippe zwischen Kokospalmen und Frangipanibäumen. **INSIDER TIPP ►** Ein Abstecher von Mirissa landeinwärts wird mit schönen Erlebnissen belohnt. Mieten Sie sich ein Fahrrad, und radeln Sie in so ursprünglich gebliebene Dörfer wie *Denipitiya* oder am Polwattafluss entlang. Dort wechseln sich üppige Tropenvegetation und Kautschukplantagen ab. *30 km westlich von Galle*

UNAWATUNA (140 C6) (∅ D18)

Die 2 km lange sichelförmige Bucht liegt nur wenige Kilometer von Galle entfernt und zieht dank billiger Unterkünfte vorwiegend Individualtouristen an. Sie kommen sich bei Reggaerhythmen in den vielen Strandlokalen näher oder bei den Beachpartys am Wochenende. Der Fischreichtum am vorgelagerten Riff begeistert Schnorchler, das seit 1863 in 30 m Tiefe ruhende **INSIDER TIPP ►** Segelschiff „Rangoon" geübte Wracktaucher. Am Strand gibt es mehrere Tauchschulen, darunter die gelobten *Seahorse Divers,* die *Submarine Diving School* und das *Unawatuna Diving Centre.*

INSIDER TIPP *Sun N Sea* (10 Zi. | 324 Matara Road, Ganahena | Tel. 091 2 28 32 00 | www.sunnsea.net | €€), ein Hotel, das sich zwischen Hauptstraße und Strand von Unawatuna zwängt, ist eine besondere Empfehlung wert. Dies liegt nicht nur an der schönen Lage direkt am Meer und den stilvollen Räumen, sondern auch an leckeren Essen. Allein die Seafoodgerichte lassen Feinschmeckerherzen höher schlagen, aber auch Reis und Curry sind nicht zu verachten. Vieles atmet noch den Geist der 2006 verstorbenen Hotelgründerin Muharam Perera.

Thambapanni Retreat (11 Zi., 2 Suiten | Yakdehimulla Road | Tel. 091 2 23 45 88 | www.thambapanni.biz | €–€€) liegt nicht am Strand, sondern wunderbar ruhig am Rumassalahügel. Schön ausgestattete Zimmer mit Traumblick auf Meer oder Dschungel.

WELIGAMA (141 D6) (*ɰ E18*)

Nur hier, zwischen Ahangama und Weligama (60 000 Ew.), knapp 30 km von Galle entfernt, hocken die Angler auf ihren Stöcken im Meer. Sie zieren Postkarten und Buchtitel und posieren gegen ein Trinkgeld für jeden Fotografen. Das *Ahangama Easy Beach (Colombo-Matara Road, KM 136 | Tel. 091 2 28 20 28 | www.easybeach.info | €)* ist mit acht Zimmern, zwei Cabanas und einem großen Garten eine wunderbare Unterkunft für Surfer (Brettverleih) und Familien. Sonila und Maithri Gunaratna eröffneten ihr kleines Luxus-Hideaway *South Point (Ortsteil Kathaluwa | Mobil 077 3 03 94 04 | www.southpointvilla.com | €€€)* bei Ahangama, 6 km westlich von Weligama, im Dezember 2004, zwei Wochen vor der Tsunamikatastrophe. Sie hatten Glück, das traumhaft schöne Anwesen wurde kaum beschädigt. Die Villa mit Pool hat nur drei Zimmer, ist mit hochwertiger Technik und viel Geschmack eingerichtet.

HAMBAN-TOTA

(142 B6) (*ɰ J17*) **Außer den Stränden im Umland hat die muslimisch geprägte Stadt, 110 km von Galle (70 000 Ew.), nichts Touristisches zu bieten, wird aber gerade mit einem internationalen Flughafen und einem Tiefseehafen zum Wirtschaftszentrum des chronisch armen Südostens ausgebaut.**

Sehr farbenfroh geht es am Wasser zu: Morgens und abends machen sich die Fischer an ihren Booten zu schaffen, laden den Fang aus und holen Netze ein. In der regenarmen Umgebung liegen zahlreiche Verdunstungsbecken zur Gewinnung von Meersalz.

SEHENSWERTES

BUNDALA NATIONAL PARK

Das 3698 ha große Schutzgebiet 18 km östlich von Hambantota erstreckt sich entlang der Küste und besteht weitgehend aus Lagunen, Sanddünen und Büschen. Mit 139 heimischen und 58

LOW BUDGET

▶ Das *Ocean View Guest House* liegt direkt im Fort von Galle. Netter Dachgarten mit Meerblick. *6 Zi. | 80 Light House Street | Tel. 091 2 24 27 17 | jewelgem@sltnet.lk*

▶ Leckere Seafoodgerichte serviert das traditionsreiche *Cool Spot* in Hikkaduwa und ist dank der günstigen Preise ein beliebter Travellertreff. *327 Galle Road*

Zugvogelarten, darunter Rosaflamingos, ist es ein Dorado für Ornithologen. Im Sand des Strandes legen vier Arten von Meeresschildkröten ihre Eier ab. *Eintritt 10 US$ plus Gebühren und Steuern. Der Park darf nur mit Jeeps befahren werden (für Halbtagstour 5000–7000 Rps.).*

ESSEN & TRINKEN

JADE GREEN RESTAURANT

In der offenen Küche des etablierten Lokals wird die Vielfalt Asiens zelebriert. Gutes Seafood zu günstigen Preisen. *Tissa Road | Tel. 047 2 22 06 92 | €*

ÜBERNACHTEN

OASIS AYURVEDA BEACH RESORT

Abgeschieden auf einem großen Gartengrundstück, liegt das Resort 7 km westlich von Hambantota. Es verbindet traditionelle Behandlungen mit einem Hotelkomfort, der auch anspruchsvolle Gäste zufriedenstellt. *40 Zi. im Haupthaus, 10 Bungalows | Sisilasagama | Tel. 047 2 22 06 50 | www.oasis-ayurveda.de | €€*

ZIELE IN DER UMGEBUNG

KATARAGAMA (142 C4) (*⊠ K16*)

Nur einmal im Jahr lohnt hier, fast 180 km von Galle entfernt, ein längerer Aufenthalt: Zum Esala-Vollmond (Juli/August) strömen Hunderttausende zum hinduistisch-buddhistischen Fest des Kriegsgotts Skanda, auch *Kataragama* genannt. Im Mittelpunkt stehen dabei Feuerläufer und Büßer, die sich in Trance kasteien, ihre Zungen durchstechen oder sich an Haken, die im Fleisch stecken, „aufhängen" lassen.

TISSAMAHARAMA (142 C5) (*⊠ J17*)

Der Ort ist etwa 150 km von Galle entfernt. Dagobas und Ruinen erinnern daran, dass von hier aus einst das südliche Singhalesenreich Ruhuna regiert wurde. Dicht beim sehr schön an einem See gelegenen Resthouse ragt die größte Dagoba aus dem Ruinenfeld. Sie stammt aus dem 1. Jh. v. Chr. Die Süßwasserreservoirs *(wewas)* der Umgebung sind Paradiese für Wasservögel und ihre Beobachter.

UDA WALAWE NATIONAL PARK

(141 F3–4, 142 A4) (*⊠ G16*)

Gut 65 km von Hambantota in Richtung Hochland entfernt liegt eines der an Elefanten reichsten Schutzgebiete. Der 308 km² große Nationalpark mit einem riesigen Stausee im Zentrum ist Heimat von geschätzten 700 Dickhäutern, aber auch Sumpfkrokodilen, Sambarhirschen und vielen Wasservogelarten. Die beste Zeit für den Besuch ist der frühe Morgen oder späte Nachmittag. Rund 5 km westlich des Parkeingangs bietet das 1995 gegründete *Elephant Transit Home* ein Obdach für Elefantenwaisen. *Eintritt 15 US$ plus Steuern und Gebühren*

YALA WEST NATIONAL PARK ⭐

(143 D–E 3–4) (*⊠ K–L16*)

Das große Reservat ist geprägt von Dornbuschsavanne, vielen Seen und Brackwasser. Pirschfahrten am Nachmittag sind meist ergiebiger als am Morgen. Fahrer und Ranger entdecken Krokodile, Warane, Mungos oder Wildschweine meist vor den Gästen. Elefanten kreuzen so gut wie immer den Weg, Leoparden verbergen sich erfolgreich im Dickicht. Pfauen, Pelikane, Störche und eine Vielzahl bunter Kleinvögel gehören auch zum Programm, das allerdings einen hohen Preis hat: *Eintritt 15 US$ plus Steuern und Gebühren plus Kosten für den Geländewagen (4000–7000 Rps.). Kontakt: Independent Safari Jeep Association (ISJA) | 2 Punchi Akurugoda | Tissamaharama | Tel. 047 5 67 14 80 | www.yalajeepsafari.com*

HIKKADUWA

(140 B5) (*C17*) **Das einstige Hippie-Duwa, danach über 20 Jahre Synonym für den Massentourismus auf Sri Lanka, ist der Treff für aktive Traveller, sei es tagsüber im Wasser oder nachts in einem der zahlreichen Strandlokale.**
Der bunte Sonntagsmarkt, der aus der Alternativszene entstanden ist, bietet viel Kunst oder Krempel. Gut ist das große Wassersportangebot (Tauchen

und ist immer für ein Späßchen gut. *568 Galle Road | €–€€*

AM ABEND

TOP SECRET
Perfekt für den Start in die Tropennacht. Die Musik ist von angenehmer Lautstärke, man steckt die Füße in den Sand und lässt es sich gut gehen *(Galle Road | Ortsteil Naragama)*. Freitags geht dann im *Vibration (495 Galle Road)*, samstags am Strand im *Mambo's* die Post ab.

Elefanten werden Sie im Yala National Park fast immer sehen können

und Surfen), auch Fahrten mit Glasbodenbooten sind möglich. Nervig sind dagegen die vielen Beach Boys. Fallen Sie nicht auf deren Anbiederungsversuche herein!

ESSEN & TRINKEN

MOON BEAM
Neben dem gleichnamigen Hotel, direkt am Strand, sehr gut für Seafoodliebhaber. Shelton, der Wirt, spricht Deutsch

ÜBERNACHTEN

AMAYA REEF
Hikkaduwas Nummer eins mit sehr geräumigen und geschmackvoll ausgestatteten Zimmern auf nur zwei Etagen. *43 Zi. | 400 Galle Road | Tel. 091 4 38 32 44 | www.amayaresorts.com | €€*

THE HARMONY GUESTHOUSE
Beliebte Travellerabsteige direkt am Strand mit 13 anspruchslosen, aber sau-

beren Zimmern. *698 Galle Road | Ortsteil Narigama | Tel. 091 22 77 55 | www. srilanka-holiday.info | €*

LAWRENCE HILL PARADISE

Die Bungalows mit insgesamt 14 großen Zimmern verteilen sich in einem üppigen Garten. Ein schöner Pool, die ruhige Lage (fünf Fußminuten vom Ort und vom Meer entfernt), vor allem aber die liebevolle Betreuung und Atmosphäre lassen keine Sehnsucht nach dem Strand aufkommen. Das Hotel steht nur Ayurveda-Kurgästen offen. *47 Waulagoda Middle Road | Tel. 091 2 27 75 44 | www. ayurvedakurlaub.de | €€*

ZIEL IN DER UMGEBUNG

DODANDUWA (140 C5) (*Ⓜ D17–18*)

Der kleine Ort etwa 5 km südwestlich von Hikkaduwa ist mit seiner vogelreichen ● Rathgama-Lagune perfekt für interessante Bootstouren *(ab Eco Village | ca. 400 Rps. pro Person)*. Vor allem bei Sonnenauf- und -untergang lohnt sich die Fahrt wegen der sanften Farben. Auf eine Insel, *Hermitage Island,* haben sich Mönche zur Meditation zurückgezogen *(kein Zutritt!)*. Das mit Kolonialtouch erbaute ● House of Lotus *(7 Zi. | 175 Galle Rd. | Tel. 091 2 26 72 46 | www.house-of-lotus. com | €€)* bietet Ihnen Urlaub für Leib und Seele. Dazu gehört ausgewogenes Essen ebenso wie Yoga- und Meditationskurse. Der Strand ist nicht weit.

MATARA

(141 E6) (*Ⓜ F18*) Der lebhafte Handelsort (80 000 Ew.) liegt 45 km östlich von Galle und ist seit 1895 Endstation der Eisenbahn von Colombo.
An der Mündung des Nilwalaflusses gelegen diente Sri Lankas südlichste Stadt

unter den Portugiesen und Holländern als wichtiger Umschlagplatz für den lukrativen Zimthandel. Mit der 1984 nach Plänen des bekannten Architekten Geoffrey Bawa eröffneten Ruhuna-Universität avancierte sie auch zu einem wichtigen Bildungszentrum.

SEHENSWERTES

Das alte *Fort* der Holländer mit Uhrturm und die kleinere, 1765 erbaute *Sternenfestung* zählen zu den wenigen Attraktionen der Stadt. Direkt am Fluss erhebt sich die bildhübsche, schneeweiß getünchte *Muhiyideen Jumma-Moschee*. In Polhena, 3 km westlich der Stadt, liegt ein sehr schöner Strand. Sri Lankas südlichsten Punkt markiert 6 km entfernt in Dondra seit 1889 ein achteckiger Leuchtturm. Der dortige *Devi Nuwara-Tempel* mit einem blauen Schrein zu Ehren Vishnus ist alljährlich im Juli/August Schauplatz des zehntägigen *Dondra Perahera.*

ESSEN & TRINKEN

MAYURA BEACH RESORT

Das Restaurant im Erdgeschoss des Hotels bietet ordentliche Curry-Gerichte. *33 Beach Road | Tel. 041 2 22 32 74 | €*

ÜBERNACHTEN

Angesichts der tollen Strände in der Umgebung empfiehlt es sich, ein Stück ostwärts entlang der Küste zu fahren. Hier verteilen sich bis nach Dikwella *(24 km)* einige sehr schöne Strandunterkünfte.

TALALLA RETREAT

In dem geschmackvollen Boutiqueresort, ca. 15 km östlich von Matara direkt am Strand, bieten die doppelstöckigen Villen inmitten eines Tropengartens samt Pool jeden Komfort. Das Hausangebot reicht von Yogakursen und Massagen bis zu Surfing Retreats. *32 Zi. | Sampaya House, Talalla Gandara | Tel. 041 2 25 91 71 | www.talallaretreat.com | €€*

ZIELE IN DER UMGEBUNG

MULKIRIGALA (141 F5) (*G17*)
Bei Mulkirigala, 55 km nordöstlich von Matara, liegt rund um eine felsige Erhebung eines der ältesten Klöster im Inselsüden: der *Pahala Vihara*. Bereits im

wege ab, die von der Hauptstraße in Richtung Strand führen. Dann stoßen Sie nicht selten auf verschwiegene Traumbuchten, ganz ohne Buden und Beach Boys. An einer solchen Traumbucht in Rekawa, 50 km östlich von Matara, legen Meeresschildkröten ihre Eier ab. Touristen können unter Anleitung des *Turtle Conservation Projects (TCP)* das **INSIDER TIPP** nächtliche Ereignis beobachten (*dunkle Kleidung, kein Fotoblitz!*). Infos und Buchung: Tel.

Am südlichsten Punkt der Insel wacht der Leuchtturm von Dondra

2. Jh. v. Chr. sollen hier buddhistischen Einsiedler gelebt haben. Diverse Klosterbauten und Grotten verteilen sich an und auf dem Berg, wofür 450 Stufen zu besteigen sind. Vom Stupa auf der Spitze bietet sich ein toller Ausblick. *Tgl. 6–18 Uhr | Eintritt 200 Rps.*

REKAWA (141 E–F6) (*F–G18*)
Kenner genießen die ruhigen Strände zwischen Matara und Tangalla. Biegen Sie einfach auf gut Glück in die Stich-

077 7 90 29 15 (Mr. Saman) oder 077 7 81 05 09 (Mr. Thushan) | 1000 Rps.

WEWURUKANNALA (141 F6) (*F18*)
Etwa 2 km nördlich von Dikwella steht beim *Wewurukannala Vihara* die mit 50 m größte Buddhastatue der Insel. Zu ihr gehört ein zehnstöckiges Gebäude, das in den Kopf der Figur führt und mit Szenen aus dem Leben Buddhas ausgemalt ist. Die Anlage stammt aus den frühen 1970er-Jahren. *Tagsüber | Eintritt frei*

AYURVEDA

Fast noch stärker als im Herkunftsland Indien hat sich das jahrtausendealte „Wissen (veda) vom gesunden, langen Leben (ayur)" auf Sri Lanka zu neuen Urlaubsformen entwickelt. Das Angebot reicht vom Spa im Strandresort bis zur spezialisierten Kurklinik.

Mit sanftem Druck verreibt der Therapeut das Öl auf dem Rücken des Gastes, der während der Ayurveda-Massage auf einer Bank aus dem Holz des Niembaumes liegt. Im Hotel reicht das Angebot vom Blüten- und Kräuterdampfbad bis zu Beauty-Anwendungen und diversen Massagen.

Etwas völlig anderes als solche Wellnessangebote ist eine durchschnittlich zweiwöchige Panchakarmakur, die vorwiegend von spezialisierten Ayurveda-Resorts angeboten wird und auf die innere Reinigung und Entschlackung des Körpers zielt. Ein Ayurveda-Arzt beurteilt anhand einer Puls- und Zungendiagnose sowie einer ausführlichen Befragung zunächst die Konstitution des Patienten. Darauf baut er einen individuellen Ernährungs- und Behandlungsplan auf, mit Kräutern, Ölen, Bädern und Massagen. Die anerkannten Erfolge reichen von der Stärkung des Immunsystems bis hin zu Verbesserungen bei Stoffwechsel- oder Hautkrankheiten,

Rheuma, Bluthochdruck, Gelenkschmerzen und Gewichtsproblemen. Auch bei Tinnitus oder als Nachsorge einer Krebserkrankung soll es geeignet sein.

TEIL DES KOSMOS

Die theoretische Grundlage bilden zwei Schriften aus dem 1./2. Jh., das „Caraka Samhita", eine Beschreibung des menschlichen Körpers, und das „Sushruta Samhita", ein Lehrbuch der Chirurgie. Der Mensch wird als Teil des Kosmos gesehen und konstituiert sich ebenfalls aus den kosmischen Grundelementen Äther, Luft, Feuer, Wasser, Erde. Diese fünf Elemente sind in Form von drei Bioenergieströmen oder Vitalkräften, den *Doshas*, für das Gleichgewicht von Körper, Geist und Seele verantwortlich. Den *Doshas* kommen unterschiedliche Funktionen zu, und sie sind bei jedem Menschen individuell gewichtet: Das *Vata Dosha* kontrolliert die Bewegungsabläufe, die Sinnesorgane und das Nervensystem; das *Pitta Dosha* ist für den Stoffwechsel, die Verdauung und die Emotionen verantwortlich; das *Kapha Dosha* betrifft den Körperbau, die Abwehrkräfte und die geistige Balance. Sind die *Doshas* ausgewogen, ist der Mensch gesund,

Wellness- oder Gesundheitskur – bringen Sie Körper, Geist und Seele mit Ayurveda zurück ins Gleichgewicht

geraten sie aus dem Lot, kommt es zu Erkrankungen. Eine Ayurveda-Kur zielt folglich darauf ab, Körper, Geist und Seele wieder ins Gleichgewicht zu bringen.

PRAKTISCHE HINWEISE

Eine gute Vorbereitung auf eine Ayurveda-Kur ist unerlässlich. Bei Fragen und Buchung hilft Ihnen z. B. der Spezialveranstalter *Aytour (Prinzenweg 6a | Starnberg | Tel. 08151 9 98 79 90 | www.aytour. de)* weiter. Die Ärzte sprechen fast immer englisch, manchmal sogar deutsch. Ansonsten ist ein deutschsprachiger Übersetzer nicht weit. Einschlägige Kliniken und Hotels mit Ayurveda-Spa finden Sie auch in den jeweiligen Regionalkapiteln.

AUSTRIAN BEACH RESORT

Boutique-Hotel an der Südküste, in dem sich Wellness, Badeurlaub und Ayurveda perfekt verbinden lassen. *10 Zi. | Kemagoda, Dickwella | Tel. 041 2 25 67 26 | www.austrianbeach.com | €€*

HERITANCE AYURVEDA MAHA GEDARA

In minimalistischem Design gestaltet, bietet das Strandresort in seinen 24 Behandlungsräumen eine ausgewogene Behandlung zur Einübung eines gesunden Lebensstils. *64 Zi. | Beruwala | Tel. 034 5 55 50 00 | www.heritancehotels. com | €€–€€€*

JETWING AYURVEDA PAVILIONS

Das stilvolle Resort legt bei nur zwölf großräumigen Bungalows mit eigenem Anwendungsbereich Wert auf eine individuelle Gästebetreuung. *Ethukale, Negombo | Tel. 031 2 27 67 19 | www. jetwinghotels.com | €€€*

THILANKA

Das Touristenhotel schmiegt sich an einen Berghang unweit des Sees und verfügt über ein eigenes Ayurveda-Zentrum mit breitgefächertem Wellnessangebot. *87 Zi. | 3 Sangamitta Mawatha, Kandy | Tel. 081 4 47 52 00 | www.thilankahotel. com | €€*

DAS BERGLAND

Die letzte Königsstadt der Singhalesen, das Teeland und die in weiten Teilen wildromantische Berglandschaft südlich von Nuwara Eliya lassen sich leicht in drei, vier abwechslungsreichen Ausflugstagen erleben.

In Kandy werden vor allem die religiösen Stätten im Mittelpunkt des Interesses stehen. Weiter nach Osten faszinieren ein grüner Teppich, der das hügelige Land weitflächig bedeckt – Herkunft des besten Tees der Welt –, und das dramatisch-schöne Hochland rund um den heiligen Gipfel *Sri Pada* (Adam's Peak) oder auf den Horton Plains mit ihrer eigentümlichen Landschaft. In der alten kolonialen Sommerfrische Nuwara Eliya indes können Sie in die Zeit des untergegangenen Empires eintauchen.

ELLA

(142 B2) (*H14*) ☀ Zwar nur ein kleiner Ort, aber nirgendwo ist die Aussicht über das südliche Bergland tief in den Süden so spektakulär wie in diesem Dorf.

Auf etwa 1000 m gelegen lockt Ella aufgrund einer guten Auswahl an Budget-Unterkünften vor allem Traveller an. Besucher finden gute Wandermöglichkeiten, etwa auf den *Little Adam's Peak* südöstlich des Orts oder auf den 1350 m hohen *Ella Rock* (einige Gästehäuser stellen selbstgemachte Wanderkarten bereit). Die *Rawana Ella-Höhle*, etwa 1,5 km südlich, ist wenig berauschend, während die über 100 m hohen *Rawana*

Bild: Teeernte im Bergland

Zwischen Adam's Peak und Zahntempel – Naturwunder, Kolonialnostalgie und Sri Lankas religiöses Zentrum

Ella Falls, etwa 6 km südöstlich an der Straße nach Wellawaya, recht eindrucksvoll in die Tiefe stürzen.

ESSEN & TRINKEN ÜBERNACHTEN

AMBIENTE ☼

Schon des Panoramas wegen ist das gemütliche Gästehaus mit nur acht Zimmern eine der besten Adressen in Ella. Gäste sollten unbedingt vorab reservieren, denn das Haus ist oft voll. *Kitalella Road | Tel.057 2 22 88 67 | www.ambiente.lk | €*

INSIDER TIPP ZION VIEW GUEST HOUSE ☼

Ein traumhafter Ausblick, geschmackvolle Zimmer mit Hängematte, leckeres Essen und eine freundliche Eignerfamilie, die viele Tipps für Ausflüge bereit hält. Hier bleiben Gäste oft länger als geplant. *7 Zi. | Wemulla Hena | Tel. 057 2 22 87 99 | www.ella-guesthouse-srilanka.com | €–€€*

Aus dem Fels geschlagen: die Buddhastatue in Buduruwagala

FREIZEIT & SPORT

INSIDER TIPP KOCHKURS

Ella Spice Garden bietet zweimal täglich, um 10.30 und 17.30 Uhr, einen dreistündigen Kochkurs inklusive gemeinsamem Essen an. Unbedingt vorab reservieren! *Kontakt: Lizzie Villa Guest House | 200 m von der Main St. entfernt | Tel. 075 2 36 36 36 | 2000 Rps.*

ZIELE IN DER UMGEBUNG

INSIDER TIPP BADULLA

(142 B1) *(ĐJ H14)*

Die Hauptstadt der Teeprovinz Uva (53 000 Ew.) ist Start und Ziel der schönsten Eisenbahnfahrt durchs Bergland. Die Stadt liegt etwa 50 km östlich von Nuwara Eliya. Ein Hindutempel *(Kataragama),* eine englische Kirche *(St. Mark's),* vor allem aber ein buddhistischer Tempel *(Mutiyangana)* lohnen den Bummel durch den Ort. Für Wanderer ist der Zweitausender *Namunukulla* reizvoll, der leicht zu besteigen ist. Weitere Ausflugsziele sind die Wasserfälle *Dunhinda,* die fast 60 m in die Tiefe stürzen (5 km entfernt) und die landschaftlich schön gelegene, 300 Jahre alte Bogoda-Brücke (15 km südwestlich).

BANDARAWELA **(142 B2)** *(ĐJ H14)*

Ein lebhafter Ort mit angenehmer Atmosphäre und den farbigsten Märkten und Basaren des Hochlands. Die 50-km-Autoroute von Nuwara Eliya hierher (über die B 810) ist landschaftlich sehr schön (Reisterrassen). Der 300 Jahre alte *Dowa-Höhlentempel* mit einer 4 m hohen Buddhafigur, die aus dem Fels gemeißelt ist, lohnt auf jeden Fall einen Abstecher (5 km nach Norden). Ein angenehmes, etwas verschachteltes Hotel ist das *Bandarawela (36 kleine Zi. | 14 Welimada Road | Tel. 057 2 22 25 01 | €€)* im Kolonialstil.

BUDURUWAGALA (142 B3) (🕮 H15)

Auf dem Weg von Ella in Richtung Süd-küste bietet sich ein Abstecher zu den Felsenreliefs nach Buduruwagala an. Sie befinden sich etwa 10 km südwestlich von Wellawaya (29 km südlich von Ella) unweit eines Stausees. In eine Felswand wurden zwischen dem 7. und 10. Jh., ein fast 17 m hoher, stehender Buddha sowie links und rechts von ihm jeweils Dreier-gruppen von Bodhisattvas geschlagen *(tgl. 8–17 Uhr | Eintritt 200 Rps.)*.

MALIGAWILA (142 C3) (🕮 J15)

Wenige Touristen verirren sich zu der **INSIDER TIPP** *Buddhastatue von Mali-gawila*, 15 km östlich des Dorfs Buttala (das liegt zwischen Wellawaya und Mo-noragala). Der Buddha wurde 1991 an diesem antiken Andachtsplatz aus dem 7. Jh. aufgestellt, nachdem er jahrhun-dertelang zerborsten im Urwald gelegen hatte. Sehr schöne Stimmung, viele Pil-ger aus den Nachbardörfern.

KANDY

KARTE IM HINTEREN UMSCHLAG (137 E5) (🕮 F12) **Der erste Ein-druck: In Kandy (150 000 Ew.) herrscht Verkehrschaos, Lärm, dicke Luft. Das soll die schönste Stadt der Insel sein?**
Der zweite Eindruck, mit Blick (vom Aussichtspunkt am Wace Park) über den See und auf den weltberühmten Zahntempel, das meistverehrte Heilig-tum der buddhistischen Singhalesen, auf die grünen Hügel, die die Stadt einrah-men und aus dem eine gigantische wei-ße Buddhastatue ragt: Es ist doch eine wunderschöne Stadt. Sie leidet an den Problemen unserer Zeit – die Straßen waren mal für Ochsenkarren und Rik-schas gemacht –, aber die Stadt auf den fünf Hügeln (auf Singhalesisch *Kanda*

CITY WOHIN ZUERST?
Queens Hotel: Lassen Sie sich mit dem Three-Wheeler (vor-ab Preis aushandeln!) zum Queens Hotel fahren. Von dort sind es nur wenige Schritte zum Zahntempel. Das geschichtsträchtige Kolonial-hotel liegt zudem supergünstig für eine Shopping-Tour entlang der geschäftigen Dalada Veediya. Auch der zum Flanieren einladen-de sogenannte Milchsee liegt in unmittelbarer Nachbarschaft.

uda pas rata – daraus haben die Briten *Kandy* gemacht) hat sich trotz mancher Bausünden ihren Zauber bewahrt.

MARCO POLO HIGHLIGHTS

⭐ **Dalada Maligawa (Zahntempel)**
Hier liegt das kostbarste Heilig-tum Sri Lankas → S. 64

⭐ **Aluvihara**
In diesem schönen Felsenkloster ritzten Mönche heilige Texte in Palmblätter → S. 69

⭐ **Hill Club**
Stilvolles Dinner bei Kerzenlicht → S. 70

⭐ **Adam's Peak**
Ein Fußabdruck im Felsen zieht Pilger an. Der Aufstieg bei Nacht – ein unvergessliches Erlebnis → S. 71

⭐ **Horton Plains**
Eine Wanderung über die Hoche-bene führt zum Ende der Welt → S. 72

SEHENSWERTES

BAHARIVA KANDA (BUDDHASTATUE)

Auf einem Hügel im Westen thront ein glänzend weißer Buddha über der heiligen Stadt, symbolhaft, ein Hingucker zum Innehalten. Die Statue ist fast 30 m hoch, sie wurde 1993 nach 15-jähriger Bauzeit (mit vielen Unterbrechungen) an: Es wirkt wie eine Mischung aus Palast und Kloster und ist kunsthistorisch von zweitrangiger Bedeutung. In seiner heutigen Form stammt das Gebäude aus dem 18. Jh. Der markante achteckige Turm, der dem Bau Ausdruck verleiht, wurde sogar erst zu Beginn des 19. Jhs. angefügt. Er enthält eine Bibliothek mit alten Palmblattmanuskripten.

Beliebt bei den Einheimischen: ein Spaziergang um den Milchsee in Kandy

geweiht. Ein schöner Spazierweg führt ganz gemütlich in einer halben Stunde von der viel befahrenen Peradeniya Road hinauf, Start an der Polizeiwache neben dem Uhrturm.

DALADA MALIGAWA (ZAHNTEMPEL) ⭐

Dieser Tempel hütet das kostbarste Heiligtum Sri Lankas, einen Eckzahn Buddhas. Die Reliquie gilt den Singhalesen auch als Symbol ihrer Macht. Eine derartige Bedeutung sieht man dem verschachtelten Gebäude zunächst nicht So wenig pompös der Tempel von außen wirkt, so üppig ist er in seinem Innern ausgestattet: mit Fresken, wunderschön verzierten Türen und anderen schmückenden Elementen. Vor dem Schrein mit der Zahnreliquie im Obergeschoss legen die Gläubigen zu allen Tageszeiten Blumen nieder. Der Strom der Besucher schwillt dreimal am Tag an. Dann werden die ● silberbeschlagenen Türen zum Allerheiligsten unter Trommelwirbel für jeweils etwa eine Stunde geöffnet. Der Zahn wurde der Überlieferung zufolge nach dem Tod Buddhas (um 489

v. Chr.) aus der Asche des Erleuchteten geborgen. Einmal im Jahr, zum Esala-Vollmond (Juli/August) wird mit einem elftägigen Fest dieser Reliquie gehuldigt. Die täglichen, etwa einstündigen Tempelzeremonien beginnen um 5.30, 9.30 und 18.30 Uhr. *Tgl. 6–20 Uhr | Eintritt 1000 Rps.*

INSIDER TIPP KIRI MUHADA (MILCHSEE)

Der künstliche See im Zentrum Kandys verleiht der Stadt ihren besonderen Reiz. Der letzte Singhalesenkönig, Sri Wikrama Raja Singha, ließ ihn 1812 anlegen. Er nannte ihn *Kiri Muhada,* Milchsee, nach einem Begriff aus einer Schöpfungslegende des Buddhismus. Auf dem Inselchen in der Seemitte sollen einst die Gemächer der königlichen Gespielinnen gewesen sein. Später stand hier ein Munitionsdepot der Briten. Sehr zu empfehlen ist ein Spaziergang um den See.

NATIONAL MUSEUM

Das Museum ist Teil des alten Palasts (hinter dem Tempel). Ausgestellt sind u. a. volkskundliche Gegenstände, Kostüme und eine Kopie der Kandy-Konvention von 1815. *Di–Sa 9–17 Uhr | Eintritt 500 Rps.*

INSIDER TIPP TEA MUSEUM

In dieser stillgelegten Teefabrik werden u. a. Werk und Leben von James Taylor, der den Teestrauch als erster anpflanzte, und von Sir Thomas Lipton geehrt. Dokumente, Maschinen und Werkzeug bringen den Plantagenalltag von einst nahe. Ein Restaurant *(€)* in der obersten Etage bietet herrliche Ausblicke. *Di–So 8.30–16.30 Uhr | Eintritt 500 Rps. | www.pureceylontea.com | Hantane, 3 km südlich, am Peradenya-Hospital in die Hantane Road in Richtung Hindagala abbiegen*

HELGA'S FOLLY

Ganz schön abgedreht: Lobby und Restaurant sind mit viel Kitsch und wenig Kunst so voll gestopft, dass es schon wieder komisch ist. Kaum jemand kommt wegen des Essens (obwohl das gar nicht schlecht ist und man auf der Gartenterrasse sehr hübsch sitzt); fast alle kommen, um die bizarre Einrichtung zu bestaunen – vom Geweih an den knallbunten Wänden bis Kristallüstern an den Decken. Die Zimmer sind gruftähnlich und ziemlich überteuert. *32 Frederick E. de Silva Mawatha | Tel. 081 2 23 45 71 | www.helgasfolly.com | €€€*

LOW BUDGET

▶ Clubmitglied für 100 Rps. am Tag – das bietet der 1878 gegründete *Kandy Garden Club* am Ostende des Sees an der Sangaraja Mawatha. Man kann Tennis und Billard spielen oder am Tresen das Drinksortiment testen *(tgl. 7–14 und 17–23 Uhr).*

▶ Tolle Aussichten und zehn günstige Zimmer offeriert das ❦ Gästehaus *McLeod Inn* in Kandy *(65 A Rajaphihilla Mawatha | Tel. 081 2 22 28 32 | mcleod@sltnet.lk).*

▶ Qualitätstee direkt vom Strauch: Das gibt es in den Plantagen rund um Nuwara Eliya, etwa im ● *Mackwoods Labookellie Estate*, nur 10 km entfernt an der A 5. Dort gibt es eine Fabrikbesichtigung und Tee zum Verkosten gratis sowie viele Sorten zu günstige Preisen. *Info: www.mackwoodstea.com*

Üppiges Angebot: Markt in Kandy

QUEEN'S

Schon Hermann Hesse hat hier 1911 logiert. In der Lobby oder an der Poolbar kann man in seinem Buch „Aus Indien" schmökern. Eine Teepause oder ein Drink sind also zu empfehlen. *64 Zi. | Dalada Veediya | Tel. 081 2 23 30 26 und 2 22 28 13 | www.queenshotel.lk | €€*

SRIRAM

Kandys bester Inder serviert in fröhlichem Ambiente zu günstigen Preisen Köstlichkeiten vom Subkontinent. Unbedingt probieren: Hähnchen in Kokosnuss- und Tomatensauce. Aber auch leckere vegetarische Gerichte. *87 Srimath Bennet Soysa Veediya (Colombo St.) | €*

EINKAUFEN

KANDY CITY CENTRE ●

Im KCC befinden sich Filialen diverser srilankischer Ketten, z. B. *Odel*, *Hemeedia* und *Ranjanas* für Mode, *Vijitha Yapa Bookshop* für Literatur und *Spa Ceylon* für Ayurveda- und Wellnessprodukte. Auch *Mlesna*, die beste Teeladenkette, ist vertreten und verkauft alle Sorten und viel Zubehör. *5 Dalada Veediya*

MARKT

Vom hässlichen Äußeren sollten Sie sich nicht abschrecken lassen, die grauen Mauern wirken wie ein Gefängnis. Doch im Inneren verströmen die Stände mit buntem Tropenobst und Gemüse eine fröhliche Atmosphäre. Seien Sie beim Handeln hartnäckig, die Verkäufer verlangen von Touristen gern Fantasiepreise.

INSIDER TIPP ▶ ODEL LUV SL

Am westlichen Ende des Queens Hotels bietet das Label hübsche Waren rund ums Thema Sri Lanka, seien es Kleider, Accessoires oder nette Souvenirs. *5 Dalada Veediya | www.odel.lk*

INSIDER TIPP ▶ SLIGHTLY CHILLED (BAMBOO GARDEN) ❄

Das angesagte Lokal liegt auf einer Anhöhe und bietet von seiner Terrasse aus eine tolle Aussicht. Lecker sind die chinesischen Speisen. *29 A Anagarika Dharmapala Mawatha | Tel. 081 4 47 60 99 | €*

THE PUB

Vom Balkon können Sie das Straßenleben beobachten, im Innern können Sie sich mit guten Pasta- und Fleischgerichten stärken. *36 Dalada Veediya | €*

SELYN 🌱

In dem kleinen Laden unweit des Zahntempels verkauft eine Fraueninitiative hochwertige Stoffe und Kleider. *7 1/1 Temple Street*

FREIZEIT & SPORT

KANDY DANCE

Mit der Stadt sind die Kandy-Tänze eng verbunden. Zwar sind die Vorführungen recht touristisch, trotzdem eine Augenweide (weniger für die Ohren). Es gibt drei Aufführungsorte: *Kandyan Arts Association (321 Sangaraja Mawatha), Kandy Lake Club (Sangamitta Mawatha, nordöstlich des Sees)* und *YMBA (Rajapihilla Mawatha, südwestlich des Sees | alle Eintritt 500 Rps. | 17.30–18.30 Uhr).*

MEDITATION

Wer ernsthaft Meditation lernen möchte, hat in Sri Lanka mehrere Möglichkeiten *(www.retreat-infos.de)*. Ein sehr empfehlenswertes Zentrum heißt *Nilambe,* knapp 30 km südöstlich von Kandy in herrlicher Berglandschaft gelegen. So kommt man hin: mit dem Bus von Kandy-Mitte Richtung Galaha bis zur Station *Nilambe Junction* (Kreuzung). Von dort entweder zu Fuß (50 Minuten), dem Wegweiser „Nilambe Bungalow" folgend, über einen steilen Weg durch eine Teeplantage. Oder mit dem Tuk-Tuk in Serpentinen hinauf, was fast genauso lange dauert. Einen Schlafsack sollten Sie mitbringen, die Nächte im Bergland sind kalt. Und außer auf extrem schlichte Unterkünfte (nach Geschlecht getrennt) müssen Sie sich u. a. auf diesen Tagesablauf einstellen: 4.30 bis 7 Uhr Geh- und Sitzmeditation, danach Tee und einfaches Frühstück, 8 bis 11 Uhr Meditation, 12 Uhr Mittagessen, 14 bis 17 Uhr Meditation, Teepause, 18 bis 20 Uhr Meditation und Singen. Eine Anmeldung ist nicht notwendig; man kann kommen und gehen, wann man will. Der Meister in Nilambe heißt Upul Gamage. Er ist manchmal von 7 bis 8 Uhr erreichbar über *(Mobil 0777 80 45 55)*. Infos unter *www.nilambe.org* Gute Allgemeininformation erhalten Sie bei der *Buddhist Publication Society* am Ostzipfel des Milchsees *(54 Sanharaja Mawatha | Tel. 081 2 22 36 79 | www.bps.lk)* oder unter *www.buddhanet.net.* Eine deutsche Einführung in den Buddhismus finden Sie unter *www.dharma.de.*

ÜBERNACHTEN

CHAAYA CITADEL KANDY

Haus der gehobenen Mittelklasse in landschaftlich reizvoller und sehr ruhiger Lage am Mahawelifluss. Die zu unterschiedlichen Zeiten angebauten Komplexe fügen sich zu einem harmonischen Ensemble. Großer Garten mit Pool. Extratipp: Fragen Sie nach Bootsfahrten (1–2 Stunden): abenteuerlich, idyllisch! *121 Zi., 5 Suiten | 124 Srimath Kuda Ratwatta Mawatha | Tel. 081 2 23 43 65 | www.chaayahotels.com | €€*

FOREST GLEN

Das freundliche Gästehaus mit nur acht Zimmern liegt am Rand des Udawattakele-Schutzgebiets und ist die richtige Unterkunft für Naturfreunde, die zum Frühstück dem Vogelgezwitscher lauschen wollen. *150/6 Lady Gordon's Drive | Tel. 081 2 22 22 39 | www.forestglenkandy.com | €*

MAHAWELI REACH

Das angenehmste der großen Hotels der Stadt liegt ruhig etwas außerhalb am Fluss. Zimmer, Balkone und Pool sind besonders groß. *115 Zi. | 35 P.B.A.Weerakoon Mawatha | Tel. 081 4 47 27 27 | www.mahaweli.com | €€–€€€*

SUISSE

Eine Koloniallegende, teilweise renoviert. Schöne Lage am Südostufer des Milchsees, Swimmingpool, nette Atmosphäre, zuweilen jedoch etwas schleppender Service. Wenn Sie Glück haben, bekommen Sie ein Balkonzimmer mit Blick auf den Milchsee. *100 Zi. | 30 Sangaraja Mawatha | Tel. 081 2 22 26 37 | www. hotelsuisse.lk | €€*

la-Passage, Asgiriya | Tel. 081 2 215 56 | www.villarosa-kandy.com | €€€*

AUSKUNFT

SRI LANKA TOURISM INFORMATION CENTRE
Kandy City Center 5 | Dalada Vidiya | Tel. 081 2 22 26 61 | sehr gute Website: www. kandycity.org

Prächtiges Fotomotiv: liegender Buddha im Felsenkloster von Aluvihara

INSIDER TIPP VILLA ROSA

Das kleine Hotel ist ein Hideaway für gestresste Seelen. Die Lage über dem Fluss, 15 Autominuten vom Zahntempel entfernt, ist einfach traumhaft, die Einrichtung dezent und geschmackvoll, der Garten ein Traum. Tipp: Es gibt einen kleinen, aber feinen Ayurveda-Bereich für Panchakarmakuren und Einzelbehandlung; kompetente ärztliche Leitung, freundliche und erfahrene Therapeuten. Der deutsche Eigner hat zudem tolle Ausflugstipps parat. *10 Zi. | 71/18 Dodanwe-*

ZIELE IN DER UMGEBUNG

HUNAS FALLS (137 E–F5) (*Ø F12*)
Naturfreunde finden hier ein herrliches, klimatisch sehr angenehmes Wanderrevier: Teehügel und mächtiger Tropenwald prägen im Wechsel die Landschaft an der Westseite der *Knuckles Range*. Dort befindet sich auch, in traumhafter Lage, eines der schönsten Hotels der gesamten Region, das *Hunas Falls by Amaya (31 Zi. | Tel. 081 4 94 03 20 | www. hunasfallskandy.com | €€–€€€)*. Von

Kandy und Matale aus braucht man jeweils eine knappe Autostunde bis zum Hotel, das auf etwa 900 m Höhe liegt und eine gute Küche führt.

INSIDER TIPP KITULGALA (RIVER KWAI)
(141 D1) (⊞ E13–14)

Nicht in Thailand, sondern hier, am *Kelani Ganga*, wurde 1956 der Klassiker „Die Brücke am Kwai" gedreht. Einer der sieben Oscars, mit dem das spannende Drama um den Bau einer Brücke im Zweiten Weltkrieg in Fernost ausgezeichnet wurde, ging an Alec Guinness. Kinder zeigen nur zu gern die Stelle, wo der Oberst baden ging. Die Filmbrücke steht längst nicht mehr, dafür tummeln sich im wilden Fluss die Rafter in ihren Schlauchbooten. *An der A7, etwa eine Autostunde südlich*

MATALE (137 E4) (⊞ F11)

25 km nördlich von Kandy an der A 9 in Richtung Dambulla liegt die geschäftige Distrikthauptstadt (50 000 Ew.) Matale. Sehenswert ist hier vor allem der Hindutempel *Sri Muthumariamman Thevasthanam (tgl. 6–12.15 und 16.30–20.15 Uhr | Eintritt 200 Rps.)* an der Main Street. 1852 wurde er von tamilischen Plantagenarbeitern aus Südindien zu Ehren der Göttin Mariamman gestiftet. Sein gewaltiger Eingangspavillon ist komplett mit hinduistischen Darstellungen ausgeschmückt. Mindestens ebenso sehenswert sind die ● Figuren an der Fassade. Nur 3 km weiter an der A 9 gilt der ★ *Aluvihara* als jener Ort, an dem im 1. Jh. v. Chr. 500 Mönche die Lehre Buddhas zum ersten Mal auf Blättern der Talipotpalme *(ola)* niederschrieben. Das Felsenkloster besteht aus mehreren Grotten mit schönen Wandmalereien und furchterregenden Darstellungen der buddhistischen Hölle. Von einer erhöht liegenden ☀ *Dagoba (tgl. 8–18 Uhr |*

Eintritt 250 Rps.) eröffnet sich ein schöner Blick auf das Bergpanorama.

PERADENIYA BOTANICAL GARDENS ●
(137 E5) (⊞ F12)

Peradeniya, ein Vorort von Kandy, ist Sitz der größten Universität des Landes. Der botanische Garten, eine im Jahr 1824 von den Briten am Platz ehemaliger königlicher Lustgärten eingerichtete Anlage, besticht durch ihre Vielfalt: Palmenalleen, Bambuswälder, Picknickplätze. *Tgl. 7.30–17 Uhr | Eintritt 1100 Rps. | A 5 Richtung Gampola, 5 km vom Zentrum von Kandy*

PINNAWALA (137 D5) (⊞ E12)

Im sogenannten Waisenhaus für Elefanten werden Jungtiere aufgezogen, die angeblich den Kontakt zu ihren Muttertieren verloren haben. Beliebte Fotomotive sind das Bad der Tiere im Oyafluss *(10–12 und 14–16 Uhr)* und das anschließende Füttern mit der Babyflasche im Freigelände. Das tierische Waisenhaus ist ein ziemlich touristischer Rummelplatz, der Eintritt eine Unverschämtheit. Wer es authentischer mag, sollte zur Elefantenbeobachtung besser einen der Nationalparks besuchen. *Tgl. 8.30–18 Uhr | Eintritt 2000 Rps. | von der A 1 Richtung Ambukkane, 5 km bis Pinnawala*

NUWARA ELIYA

(141 F1) (⊞ G14) **Wenn es in Colombo und anderswo in der Ebene im Juli oder August besonders stickig wird, flüchten die Angehörigen der einheimischen Mittel- und Oberschicht hierher.**

Kühl ist es hier fast das ganze Jahr über, manchmal sogar richtig kalt. Die „Stadt des Lichts", wie Nuwara Eliya

(43 000 Ew.) übersetzt heißt, liegt auf 1900 m Höhe. Da freut man sich auf das prasselnde Kaminfeuer am Nachmittag, vielleicht sogar auf die Wärmflasche, die mancherorts ins Hotelbett gelegt wird. Der Golfplatz am Ostrand gilt manchen Besuchern als *der* Golfplatz in Asien. Bummeln Sie durch den netten Ort, entdecken Sie das Postamt im englischen Landhausstil und die Hatton-Bank, die ebenso in der Grafschaft Kent stehen könnte.

ESSEN & TRINKEN ÜBERNACHTEN

GLENDOWER
Eine preiswerte Alternative zum geschäftigen Grand Hotel, nur ein paar Schritte davon entfernt: saubere, etwas altmodisch eingerichtete Zimmer, nette Besitzer, kleiner Garten und gute, vorwiegend chinesische Küche. *20 Zi. | 5 Grand Hotel Road | Tel. 052 2 22 25 01 | €–€€*

HERITANCE TEA FACTORY TEA FACTORY ♻
Ein gelungenes Beispiel für die Umwandlung einer alten Fabrik in ein sehr komfortables Hotel. Wo früher Teeblätter gerollt wurden, checken jetzt die Gäste ein. Zum Spa-Bereich gehört eine Sauna, die man hier, in 2200 m Höhe, schätzen lernt. Umweltschutz und soziales Engagement werden groß geschrieben, etwa durch Recycling und die Unterstützung armer Tamilen. Wer will, kann zum Teepflücken in Sari und Sarong schlüpfen. *54 Zi. | im Vorort Kandapola | Tel. 052 5 55 50 00 | www.heritancehotels.com | €€€*

HILL CLUB ⭐
Hier wird liebenswert-streng auf die feine Lebensart von einst geachtet: Herren haben abends nur mit Jackett und Krawatte Zutritt (beides können Sie ausleihen), den Drink nimmt man unter Trophäen und bei gedämpftem Licht in der Bar ein. *39 Zi. | 29 Grand Hotel Road | Tel. 052 22 26 53 | €€€*

JETWING ST. ANDREW'S
Das Hotel liegt hoch über dem Golfplatz, ein paar Spazierminuten vom Zentrum entfernt. Die Zimmer im neueren Anbau sind größer und komfortabler als die im kolonialen Altbau. Wenn es draußen kalt ist, können Sie in der ● *Road Hole Bar* zum knisternden Feuer eine Runde Billard spielen. Der Tisch ist über 120 Jahre alt! Empfehlenswert sind auch die Wan-

BESUCH IN DER TEEFABRIK

Die Teeblätter werden in den Fabriken zunächst gewelkt und getrocknet, d. h. 10 bis 14 Stunden lang von riesigen Ventilatoren von unten warm belüftet. Beim anschließenden maschinellen „Brechen" oder „Rollen" werden die Zellwände in den Blättern zerstört. Zum Fermentieren werden die Blätter danach auf dem Boden ausgelegt. Dann wird der Tee getrocknet, in großen Sieben gereinigt und schließlich, nach Blattgrößen sortiert, in die charakteristischen Leichtholzkisten verpackt. In den Fabriken, die auf Besucher eingestellt sind, können Sie verschiedene Sorten probieren und zu sehr günstigen Preisen kaufen: etwa 250 Rps. für 200 g Broken Orange Pekoe (BOP).

Beliebtes Pilgerziel in luftiger Höhe: Tempel auf dem Adam's Peak

derungen mit dem Naturführer. *52 Zi. | 10 St. Andrew's Drive | Tel. 052 2 22 24 45 | www.jetwinghotels.com | €€*

EINKAUFEN

Was man auf den ersten Blick nicht vermutet: Der *Bale Basar* an der Main Street ist eine gute Gelegenheit zum vielfältigen und stressfreien Einkauf. Hier gibt es z. B. warme Jacken und Trekkinghosen in guter Qualität zu günstigen Preisen. Das Angebot an Saris, Seide und anderen Textilien ist groß und zum Teil originell, z. B. im *Lucky Plaza Emporium* in der New Bazar Street.

FRANCISCAN PRODUCTS

Die Nonnen des Franziskanerkonvents verkaufen in ihrem kleinen Laden selbst gemachte Marmelade, Chutney und Fruchtwein. Mit dem Kauf werden ihre breitgefächerten Aktivitäten, u. a. im schulischen Bereich unterstützt. *11 Long Street, hinter der St. Xavier's Church*

ZIELE IN DER UMGEBUNG

ADAM'S PEAK
(141 D2) (E14)

Nicht der höchste, aber bei Weitem der heiligste Berg der Insel: In der Saison – Dezember bis März – nehmen Nacht für Nacht einige Hundert Pilger die mehr als 4500 Stufen auf sich, um rechtzeitig zum Sonnenaufgang auf dem Gipfel zu sein. Dort oben, in 2243 m Höhe, wird eine Vertiefung im Felsen verehrt, die wie ein Fußabdruck aussieht. Für die Buddhisten ist es ein Fußabdruck des Erleuchteten, für die Hindus ein Zeichen Shivas, für Muslime und Christen eine Erinnerung an Adam. *Sri Pada* heißt der Berg auf Singhalesisch, „heilige Fußspur". Der Aufstieg dauert je nach Kondition drei bis vier Stunden (von Dalhousie aus). Auf dem Weg stehen Teestuben für kurze Pausen zur Verfügung. Nächste Bahnstation ist Hatton. Von dort fährt der Bus nach Dalhousie (auch Bahnstation von Badulla oder Kandy aus). Wichtig: Taschenlampe und Pullover mit-

Baker's Waterfall in den Horton Plains: Seit 1988 ist die Hochebene Nationalpark

nehmen (auf dem Gipfel vor 6 Uhr sind es oft nur 0 Grad). Steigen Sie gleich nach Sonnenaufgang wieder ab, sonst wird es zu heiß. Eine sehr einfache, angenehme Herberge bietet sich als Ausgangs- und Zielort an: das **INSIDER TIPP** ▶ *Green House* *(7 Zi. | Tel. 05122239 56 | €)* in Dalhousie kurz vor der ersten Treppe: Hier locken nach dem Abstieg ein duftendes Kräuterbad, dann ein deftiges Frühstück. Beides können Sie vorbestellen.

HAKGALA ❄ (141 F1) (𝄙 G14)

5 km südöstlich von Nuwara Eliya an der A 5 gelegener botanischer Garten mit Lotosteichen und Akazienalleen. Weitblick ins südliche Teeland. Der Höhe (1700 m) entsprechend wachsen hier viele Baumfarne. *Tgl. 8–18 Uhr | Eintritt 1100 Rps.*

HORTON PLAINS ★ ● ❄
(141 F2) (𝄙 F–G15)

Wo früher die Kolonialbriten auf Leopardenjagd gingen, wandern heute Naturfreunde durch Rhododendron- und Farnwälder. Die Hochebene ist zwar nur knapp 30 km von Nurawa Eliya entfernt. Aber die Anfahrt nimmt ziemlich viel Zeit in Anspruch – mit dem Auto über Belihul Oya (schönes Rasthaus) oder mit der Bahn von Nanu Oya (der Station von Nuwara Eliya, 10 km vom Zentrum entfernt) bis Ohiya. Die Höhepunkte heißen *Baker's Waterfall,* ❄ *Großes* und ❄ *Kleines Ende der Welt* (1000 bzw. 600 m Steilwand). Den Weg dorthin sollten Sie unbedingt auf den ganz frühen Morgen legen, denn danach kommt meistens Nebel auf. *Tgl. 6–18 Uhr | Eintritt 25 US$*

INSIDER TIPP ▶ NEBENSTRECKE NACH KANDY ❄ (137 F5–6) (𝄙 G13–14)

Die abwechslungsreichste Strecke durch das Hochland führt nördlich von Nuwara Eliya durch so winzige Orte wie Rikillagaskada, Hanguranketa und Marassana. Reisfelder, atemberaubend schöne

Terrassen und urwaldähnliches Dickicht säumen den Weg. Spektakuläre Aussichten auf die gewaltigen Stauseen von Randenigala und Victoria.

RATNAPURA

(141 D2) (*E15*) Die „Stadt der Edelsteine" (60 000 Ew.), so die Übersetzung des Ortsnamens, liegt 100 km von Colombo entfernt.

Sie hat mehr zu bieten als den Blick auf die funkelnden Schätze aus der Erde – unter anderem eine schöne Lage an den südlichen Ausläufern des Berglands dicht beim Adam's Peak. Der Buddha von Viniharama überblickt die Stadt von einem Hügel aus, und im *Maha Saman Devale*, 4 km westlich an der A 8, sorgt der Gott Saman für den Schutz der Gläubigen. Ein Teil der schmucken Tempelgebäude stammt noch aus dem 17 Jh. Im Umland von Ratnapura liegen zudem viele Edelsteinminen verstreut.

SEHENSWERTES

GEM BANK & GEMMOLOGICAL MUSEUM ●

Hier sind nicht nur besonders schöne Saphire, Turmaline, Rubine, Smaragde und Amethyste zu sehen, sondern es wird auch demonstriert, wie die Edelsteine geschürft und bearbeitet werden. Ein Restaurant gehört zum Haus. *Tgl. 8.30–17.30 Uhr | Eintritt frei | 6 Ehelopala Mawatha*

ÜBERNACHTEN

KALAWATHIE
Ein einfaches, sehr hübsch gelegenes Hotel. Es bietet neben einem großen Garten unter anderem Massagen, Meditationen, Kräuterbäder oder organisierte Wanderungen an. *18 Zi. | Polhengoda | Tel. 045 2 22 24 65 | €€*

RATNALOKA TOUR INNS
6 km außerhalb, sehr schön in einer Kautschukplantage gelegenes Hotel mit einem Pool und einem eigenen sogenannten Edelsteinmuseum. *53 Zi. | Kosgala/Kahangama | Tel. 045 2 22 24 55 | €–€€*

ZIEL IN DER UMGEBUNG

SINHARAJA FOREST RESERVE
(141 D–E4) (*E–F16*)
Dieses letzte, 114 km² große Regenwaldgebiet der Insel wird als streng geschütztes Biosphärenreservat in der Liste der srilankischen Naturparks geführt. Hier leben 95 Prozent aller endemischen Vögel und mehr als die Hälfte aller ceylonesischen Säugetierarten. Zum Naturerlebnis, von dem im Gästebuch viele Besucher schwärmen, gehören leider auch oft Blutegel. Man muss sich geführten Wanderungen auf einem der drei *Nature Trails* (zwischen 4 und 14 km) anschließen. Von Ratnapura aus ist der Eingang bei *Kudawa*, von der Südküste aus der bei *Mediripitiya* am günstigsten. *Eintritt 675 Rps., Naturführer ab 600 Rps. | Auskunft: Forest Department in Colombo (Tel. 011 2 86 66 26)*
Ein etwas abgedrehtes Hotel namens INSIDER TIPP *Boulder Garden* (Sinharaja Road, Kalawana | Tel. 045 2 25 58 12 | www.bouldergarden.com | €€€), 20 Jeep-Minuten vom Kudawa-Tor entfernt, hofft auf wohlhabende Dschungeltouristen. Die acht Zimmer und zwei Suiten sind von Felsen begrenzt, Motto: Luxus in der Höhle. Ein Pool schließt an das Restaurant Grotto an. Wesentlich billiger und bodenständiger wohnt man in der familiär geführten *Martin's Lodge (9 Zi. | 4 km vom Kudawa-Tor | Tel. 045 5 68 18 64, Tel. 042 2 22 55 28 (c/o Postamt) | €)*.

DAS KULTURDREIECK

Wenig erinnert hier, in der nördlichen Landesmitte, an die üppigen Tropenlandschaften entlang der Küste und die tiefgrünen Berge des Hochlands. Und doch birgt diese trockene, heiße Region die wichtigsten Zeugnisse der srilankischen Hochkultur.

Auch wenn die Form nicht ganz stimmt, ist die Region heute als „Kulturdreieck" bekannt. Als Rajarata, „Land der Könige", strahlte es über 1500 Jahre hinweg weit in den asiatischen Kontinent hinein und zog buddhistische Pilger aus Birma und China ebenso an wie Händler aus Persien und Indien. Hier finden sich gewaltige Stupas und beeindruckende Buddhas in weitläufigen Klosteranlagen, wunderschöne Felsmalereien wie die Wolkenmädchen in Sigiriya oder die

Geschichten Buddhas in den Höhlen von Dambulla, verwunschene Einsiedeleien wie Aukana oder Ritigala und mit Mihintale und dem heiligen Bodhibaum in Anuradhapura die beiden Wiegen des Buddhismus auf der Insel. Aus dieser Religion haben die Könige und die Künstler, die Architekten und die Arbeiter ihre geistige Kraft bezogen.

Ein raffiniertes Bewässerungssystem, das die Fachleute heute noch staunen lässt, sicherte seinerzeit das Leben in diesem Teil des Inselinnern. Einige der künstlichen Seen aus der Antike – von den Engländern *tanks,* von den Singhalesen *wewa* genannt – sind in den letzten Jahrzehnten reaktiviert worden. Sie machen den landschaftlichen Reiz dieser Region aus, die ansonsten geprägt ist

Bild: Die Tempelanlage von Polunnaruwa

Ein heiliger Baum, Wolkenmädchen und Wasserspeicher alter Könige – das Kulturdreieck macht seinem Namen alle Ehre

durch Felsen, die unvermittelt aus dem flachen Grün zu wachsen scheinen. Auf wenig befahrenen Nebenwegen sieht man zuweilen wilde Elefanten die Straße kreuzen.

Da die Sehenswürdigkeiten im Kulturdreieck weit auseinander liegen, empfiehlt sich ein Mietwagen mit Fahrer. Wenn Sie nicht ständig das Hotel wechseln wollen, sondern eine Basisunterkunft für die jeweiligen Ausflüge bevorzugen, bieten sich die Unterkünfte in Habarana und zwischen Sigiriya und Dambulla an.

ANURADHAPURA

KARTE IM HINTEREN UMSCHLAG
(133 D–E4) (🗺 E7–8) Diese älteste und bedeutendste Königsstadt war weit über 1000 Jahre (vom 3. Jh. v. Chr. bis 1017) Hauptstadt eines singhalesischen Reichs.

Alle Sehenswürdigkeiten im weiträumigen Ruinenfeld – mehr als 40 km²

Baum der Erkenntnis: Pilger am heiligen Bodhibaum von Anuradhapura

– stammen aus jener Zeit. Es sind fast ausschließlich Relikte sakraler Bauwerke, denn damals wurden nur Tempel, Klöster, Dagobas, Hallen und Höfe aus Stein gebaut. Von den Lehmhütten und Holzpalästen aus der Antike ist nichts übrig geblieben, aber Mauern und Grundrisse lassen ahnen, was für eine blühende Metropole hier einst gestanden haben muss. Nach 1017, als tamilische Invasoren aus Südindien die Stadt zerstörten, geriet Anuradhapura ins Abseits. Wohl überwucherte der Urwald die Ruinen der meisten Tempel, aber die Reisbauern der Umgebung vergaßen keineswegs das wichtigste Heiligtum des buddhistischen Zentrums. Sie pflegten weiterhin den Ableger jenes Baums, unter dem Buddha die Erleuchtung gefunden haben soll. Die Engländer „entdeckten" die alte Königsstadt 1820, vor 100 Jahren begannen sie mit den Ausgrabungen. Heute zieht der heilige Bezirk von Anuradhapura wieder buddhistische Pilger und Kulturreisende aus aller Welt an. Die moderne Stadt neben dem parkähnlichen Ruinenfeld hat etwa 70 000 Einwohner.

SEHENSWERTES

Die wichtigsten Dagobas, aber auch die drei großen, landschaftlich reizvollen Stauseen im alten Teil der Stadt liegen ziemlich weit auseinander. Für die Besichtigung bietet sich das Fahrrad an, das nahezu von jeder Unterkunft gemietet werden kann *(ab 250 Rps. pro Tag). Gesamtanlage tgl. von Sonnenaufgang bis etwa 19.30 Uhr | Eintritt 25 US$ | Tickets gibt es im Jetavana-Museum*

ABHAYAGIRI

Der gewaltige Tempelkomplex aus dem 1. Jh. v. Chr. war damals Zentrum des Mahayanabuddhismus, einer Reformrichtung. Im Mittelpunkt steht eine große Dagoba, die noch weitgehend überwachsen ist. Zum Komplex gehören die Statue eines meditierenden Buddha *(Samadhi-Buddha)*, ein Reinigungsbad *(kuttam pokuna,* Doppelbad), Reste eines mönchischen Versammlungshauses (Edelsteinpalast aus dem 8. Jh.) und eines Statuenhauses *(Mahasenapalast)*, vor dessen Eingangsstufen der **INSIDER TIPP** eindrucksvollste Mondstein der Insel zu bewundern ist, ein steinerner Halbkreis mit Tier- und Pflanzenornamenten. Um einen Überblick von der einst 200 ha großen Klosteranlage zu bekommen, empfiehlt sich vorab ein Besuch im *Abhayagiri-Museum*, das neben Buddhafiguren und Inschriften im Modell des Klosters zeigt. *Tgl. 10–17 Uhr | Eintritt im Ticketpreis enthalten*

ARCHÄOLOGISCHES MUSEUM
Funde aus dem heiligen Bezirk, auf zwei Stockwerken und im Freigelände ausgestellt. *Thuparama Mawatha | Mi–Mo 8–17 Uhr, Feiertage geschl.*

BODHIBAUM (SRI MAHA BODHI) ★
Unter einem solchen Feigenbaum *(ficus religiosa)* wurde Gautama Siddharta im nordindischen Bodhgaya zum Erleuchteten, also zum Buddha. Seither gilt dieser Baum als heilig. Er wird in ganz Südostasien Bodhibaum (Baum der Erkenntnis oder der Erleuchtung) genannt. Sri Maha Bodhi in Anuradhapura, ein Ableger des historischen Bodhibaums aus Nordindien, gilt als ältester Baum Asiens. Er steht auf einem Podest, das ein goldenes Gitter umrahmt. Den ganzen Tag über ist er Ziel vieler Pilger, besonders während der Andachtszeremonien, die jeweils durch Trommelwirbel angekündigt werden: morgens gegen 6 Uhr, vormittags um 10.30 Uhr und, am stimmungsvollsten, in der Dämmerung nach 18 Uhr. *Tgl. | Eintritt 200 Rps.*

ISURUMUNIYA
Der Felsentempel liegt in der Nähe der königlichen Lustgärten, dicht beim See Tissawewa und dem Resthouse. Die Ur-

sprünge liegen im 3. Jh. v. Chr. Wichtige Sehenswürdigkeiten: die Reliefs im Felsen, die badende Elefanten zeigen, und die Plastik „Die Liebenden", ein bildhauerisches Meisterwerk aus dem 5. oder 6. Jh. Es wird im kleinen *Museum (tgl. außer an Feiertagen, 8–17 Uhr | Eintritt 200 Rps.)* neben dem Tempel gezeigt.

JETAVANA VIHARA & MUSEUM
Einst war sie mit 115 m die höchste Dagoba im Land. Lange Zeit überwuchert und nun umfassend restauriert, misst sie noch beeindruckende 71 m. Der Kuppelbau aus dem 3. Jh. war Zentrum eines der drei bedeutenden Klöster und unter König Mahasena Sitz eines stren-

★ **Bodhibaum (Sri Maha Bodhi)**
Ableger von Buddhas Baum der Erleuchtung. Vermutlich der älteste, ganz sicher der heiligste Baum Asiens → S. 77

★ **Dambulla**
Statuen und Wandmalereien, über Jahrhunderte in fünf Felsenhöhlen gearbeitet → S. 81

★ **Minneriya National Park**
Das Schutzgebiet ist berühmt für seine große Elefantenpopulation → S. 82

★ **Gal Vihara**
Diese Buddhastatuen ziehen alle Besucher in den Bann → S. 83

★ **Sigiriya**
Kultur und Natur sind beeindruckend. Der steile Anstieg gehört zu den großen Erlebnissen einer Sri-Lanka-Rundreise → S. 86

MARCO POLO HIGHLIGHTS

gen Reformordens. Sehr schön sind die Reliefs der Altaraufbauten an den Achsenpunkten der Dagoba. Nur einen Steinwurf entfernt liegt das sehenswerte *Jetavana-Museum* mit den wertvollen Funden aus dem Klostergelände, darun-

etwa 100 Jahren und wurde erst vor knapp 40 Jahren abgeschlossen. Auf der vergoldeten Spitze glänzt ein Bergkristall. Vor den vier Altaraufbauten legen die Gläubigen Blumenopfer ab, auf die sich genüsslich die Hanumen-Languren

Die Thuparama-Dagoba aus dem 3. Jh. v. Chr. ist die älteste Dagoba auf der Insel

ter Schmuckstücke und Goldornamente. *Tgl. 8–17.30 Uhr | Eintritt im Ticketpreis enthalten*

MIRISAVATIYA

König Dutthagamani (161–137 v. Chr.) ließ diese Dagoba um 150 v. Chr. nach seiner Machtübernahme errichten, angeblich über seinem Zepter. *Nicht weit vom Tissawewa Resthouse entfernt*

RUWANWELI SEYA

Diese eindrucksvolle, weiße Dagoba, auch *Maha Thupa* (Große Stupa) genannt, wurde in der Zeit des Volkshelden König Dutthagamani im 2. Jh. v. Chr. erbaut, aber erst nach seinem Tod vollendet. Ihre Restaurierung begann vor

stürzen. Die Außenwand der Plattform schmücken 350 steinerne Elefanten.

THUPARAMA

Die älteste Dagoba der Insel wurde von König Devanampiya Tissa in Auftrag gegeben, der sich als erster zum Buddhismus bekehren ließ. Das jetzige Erscheinungsbild der Kuppel, unter der ein Splitter von Buddhas Schlüsselbein aufbewahrt wird, stammt von 1862.

VOLKSKUNDEMUSEUM

Hier sind Musikinstrumente und Kostüme sowie Gegenstände aus Handwerk, Landwirtschaft und Küche ausgestellt. *Sa–Mo, Mi und Do 9–17 Uhr, Feiertage geschl. | Eintritt im Ticketpreis enthalten*

INSIDER TIPP **WEWAS**

So werden die künstlichen Seen genannt, die seit der Antike die Trockenzone im Zentrum der Insel bewässern. Drei große Wewas leuchten aus dem Ruinenfeld von Anuradhapura, darunter der älteste der Insel, *Bassawakkulama,* der vor fast 2500 Jahren gebaut wurde. Die beiden anderen heißen *Tissa Wewa* (ein beliebter Badesee) und *Nuwara Wewa* (ein Paradies für Wasservögel).

ZITADELLE

Dieser offene Komplex grenzt nördlich an die Thuparama-Dagoba. Die noch sichtbaren Mauern umschlossen einst den Königspalast, den Zahntempel und ein Almosenhaus. Davon ist nur ein 8 m langer, steinerner Reistrog erhalten geblieben. Aus ihm wurden Bedürftige und Mönche gespeist.

ESSEN & TRINKEN

Am besten isst man in den größeren Hotels. Von der ☀ Veranda des *Grand Tourist Holiday Resort (4 b/2 Lake Road | Tel. 025 2 23 51 73 | €)* haben Sie zu Reis und Curry einen schönen Seeblick.

ÜBERNACHTEN

GALWAY MIRIDIYA

Freundliches Haus, hübscher Garten, renovierte Zimmer mit Blick auf den Nuwarastausee – das schönste unter den modernen Hotels. *38 Zi. | Rowing Club Road | Tel. 025 7 21 36 26 | www.galway.lk | €*

LITTLE PARADISE

Sympathisches Gästehaus mit individuell gestalteten Zimmern samt Balkon, etwas versteckt hinter einem größeren Platz in einer Seitenstraße. Gute Curry-Gerichte aus der Küche der Besitzerfamilie. *6 Zi. | 622/18 Godage Mawatha | Tel. 025 2 23 51 32 | www.littleparadiseanuradhapura.com | €*

PALM GARDEN VILLAGE

Sehr angenehmes Haus etwa 4 km außerhalb der antiken Königsstadt. Bungalows mit 40 Zimmern und zehn Suiten auf einer weitläufige Anlage mit großem Pool. *Puttalam Road, Ortsteil Pandulagama | Tel. 025 2 22 39 61 | www.palmgardenvillage.com | €–€€*

HOTEL RANDIYA

Die sehr sympathische Unterkunft ist gut geführt und liegt zentral. *14 Zi. | 394/19 A Muditha Mawatha | www.hotelrandiya.com | €*

INSIDER TIPP **TISSAWEWA RESTHOUSE**

25 große, aber sehr einfache und leider ziemlich übeteuerte Zimmer mit Ventilator an der Decke und Moskitonetz über dem Bett. Zum romantischen, fast 100 Jahre alten Haus gehören auch gemütliche Veranden im Erd- und Obergeschoss, ein Speisezimmer (in dem gute Currys serviert werden) und ein Park, in dem Affen und Vögel lärmen. Das Hotel liegt im heiligen Bezirk, deshalb gilt: kein Alkohol! Günstige Mieträder, etwa 250 Rps. pro Tag. Wer hier wohnt, kann die Dagobas auch im Mondlicht bewundern. *30 Zi. | Old Town | Tel. 025 2 22 22 99 | €*

ZIELE IN DER UMGEBUNG

AUKANA (133 E6) (𝄞 E9)

Bei Kekirawa, auf halber Strecke zwischen Anuradhapura und den Höhlen von Dambulla, wird der Bus oder Mietwagen von der A 9 nach Westen abbiegen. Eine Zeitlang geht es am Stausee *Kala Wewa* entlang, der seit mehr als 1500 Jahren etwa 100 Dörfer mit Wasser versorgt und vor allem frühmorgens und am späten Nachmittag eine zauberhafte Stimmung erzeugt. Wer Zeit hat, sollte ein Stück die Uferstraße entlang spazieren.

Eigentliches Ziel des Abstechers ist der ● *Buddha von Aukana* (50 km von Anuradhapura). Die Figur des segnenden Buddhas wurde zwischen dem 5. und dem 8. Jh. – über den genauen Zeitpunkt streiten die Gelehrten – aus dem Felsen gemeißelt, an dem sie lehnt. Sie

hoka aus Indien bekehrte den König von Anuradhapura zum Buddhismus. Das war um 250 v. Chr., kurz nach Devanampiya Tissas Amtsantritt. Seither zieht an diesem Ort 12 km östlich von Anuradhapura ein weit verzweigter Komplex von ausgemalten Höhlen, von Tempeln, Dagobas und antiken Zisternen die Gläubigen an. Eine breite Freitreppe führt zunächst zum heiligen Bezirk. Vorher zweigt ein Weg

Silafelsen in Mihintale: die Wiege des Buddhismus auf Sri Lanka

ist mit 12 m die größte frei stehende Plastik aus der srilankischen Antike (mit Sockel misst sie etwa 14 m) – und sie ist neben den Statuen von Gal Vihara in Polonnaruwa die eindrucksvollste. Der engagierte Abt des Klosters baut an einer Schule für die Landbevölkerung und nimmt gern Spenden entgegen. *Tgl. 7–18 Uhr | Eintritt 750 Rps.*

MIHINTALE ☸ (133 E4) (*ᗯ E7*)
Auf der Spitze des heiligen Bergs erinnert eine Dagoba an die Begegnung des Königs Devanampiya Tissa mit dem indischen Mönch Mahinda. Dieser Verwandte und Gesandte des großen Kaisers As-

ab zur *Kantaka Cetiya,* den Resten der ältesten Dagoba in Mihintale. Sie stammt vermutlich noch aus der Zeit des Königs Devanampiya Tissa, des ersten Buddhisten von Sri Lanka. Höher geht es hinauf bis auf den steilen Silafelsen. Am schönsten ist der Besuch dieser sehenswerten Stätte morgens kurz vor 8 Uhr; dann ist es noch nicht zu heiß und nicht zu voll. *Tgl. | Eintritt 500 Rps.*

YAPAHUWA (137 C–D2) (*ᗯ D10*)
Die eindrucksvolle Felsenfestung schmiegt sich an einen Berghang, 75 km südlich von Anuradhapura unweit des Verkehrsknotenpunktes Maho. Immer

wieder diente sie im 13. Jh. als Zufluchtsstätte bedrohter Herrscher. Dann verlor Yapahuwa an Bedeutung und wurde Heimstatt für Mönchseinsiedler. Noch heute gibt es auf dem Gelände ein Kloster. Während die Befestigungs- und Palastanlage fast vollständig verschwunden ist, zeigt sich die steile Freitreppe nach umfassender Restaurierung in einem recht guten Zustand. Nach südindischen Vorbildern brachten die Steinmetze an den Stufen sehr schöne Verzierungen an. Zum Markenzeichen für die Festung wurden die beiden, auch auf dem Zehn-Rupienschein verewigten Wächterlöwen. *Tgl. 8–18 Uhr | Eintritt 500 Rps.*

DAMBULLA

(137 E2) (*Ⓘ F10*) ⭐ 🌿 **Der Tempel wird nach wie vor von Mönchen bewohnt. Wenn es heiß ist, kann der Weg über den nackten Felsen zu den berühmten Höhlen anstrengend werden, aber er lohnt sich!**

In etwa 340 m Höhe vor dem Eingang zu den Höhlen entschädigt ein herrlicher Weitblick für die Mühe – und die Malereien und Statuen im Innern sind allemal den Aufstieg wert. Fünf von Mönchen über einen Zeitraum von 2000 Jahren ausgemalte und mit Buddhastatuen geschmückte Höhlen können besucht werden. Die ältesten Kunstwerke stammen aus vorchristlicher Zeit, die jüngsten aus dem 20. Jh. In einigen Höhlen, besonders in der ersten, der „Götterkönigshöhle" *Devaraja*, haben die Felsbilder allerdings durch den jahrhundertelangen Gebrauch von Kerzen und Räucherstäbchen gelitten. Der tiefe Eindruck in dieser ersten Grotte geht von einem liegenden Buddha aus, mit 14 m immerhin so groß wie der sterbende Buddha von Gal Vihara in Polonnaruwa.

In der zweiten Grotte, der größten, fällt ein stehender Buddha in ähnlicher Haltung wie der von Aukana auf. Und noch eine Besonderheit: Aus dem Berg tropft unablässig Wasser. Die geheimnisvolle Quelle versiegt nicht einmal in den Monaten der Trockenheit.

Ein Tipp für Einzelreisende: Taschenlampen mitnehmen (die Führer der Gruppen haben stets welche dabei). Mittags ist der Aufstieg wegen der Hitze besonders beschwerlich. *Tgl. von Sonnenaufgang bis Sonnenuntergang | Eintritt 1500 Rps.*

Am schönsten wohnt man in den Hotels rund um den nahen Kandalama Wewa, allen voran im 😊 **INSIDER TIPP** *Heritance Kandalama* (162 Zi. | Tel. 066 5 55 50 00 | www.heritancehotels.com | €€€), das sich fast 1 km lang an einen Berg schmiegt und mit seinen Pools, Restaurants und dem Spa viel Luxus bietet. Von Sri Lankas bekanntestem Architekten Geoffrey Bawa entworfen, wurde es wegen seiner hohen Umweltstandards (eigenes Klärwerk, ausgefeiltes Recyclingsystem) mehrfach ausgezeichnet. Eine weitere gute Adresse ist die 12 000 m² große Anlage *Amaya Lake (Tel. 066 4 46 15 00 | www.amayalake.com | €€€)* mit 92 Chalets und einigen Eco-Lodges, einem Swimmingpool und Ayurveda-Angeboten.

ZIEL IN DER UMGEBUNG

NALANDA GEDIGE ● **(137 E3) (*Ⓘ F11*)**
Etwa 24 km südlich von Dambulla, präzise in der geografischen Mitte der Insel, lohnt ein Statuenhaus im südindischen Baustil und mit einer besonderen Geschichte den Abstecher von der A 9 (Richtung Matale und Kandy). Mindestens 1000 Jahre lang stand das Gebäude am Ufer des Mahaweli. Als dieser größte Fluss des Landes gestaut werden sollte, drohte Nalanda Gedige unterzugehen.

Eine Aktion nach dem Muster von Abu Simbel in Ägypten rettete den Tempel: Stein für Stein wurde er abgetragen, ein paar Jahre „zwischengelagert" und 1980 auf einer aufgeschütteten Insel im neuen Stausee wieder aufgebaut.

Das Statuenhaus weist sowohl hinduistische als auch buddhistische Elemente auf, es gibt hier sogar – für Sri Lanka ungewöhnlich – erotische Reliefs, wie Indienkenner sie aus Khajuraho oder Konarak kennen. Diese und andere Darstellungen, besonders an den Außenmauern, zeigen den Kunst- und Religionshistorikern die einstige Bedeutung des Mahayana-Buddhismus auf der Insel. *Eintritt frei*

HABARANA

(137 F1) *(ØØ G9)* **Das Dörfchen im Herzen des Kulturdreiecks liegt an der Kreuzung der Nationalstraßen A 6 (Kurunegala–Trincomalee) und der A 11 zwischen Anuradhapura und Polonnaruwa.** Als idealer Übernachtungsort eignet sich Habarana auch als Ausgangspunkt für fast alle Sehenswürdigkeiten des Kulturdreiecks. Nach Anuradhapura sind es nur 52 km, nach Dambulla 30 km, nach Polonnaruwa 49 km und nach Sigiriya 22 km.

Habarana selbst bietet außer einem Stausee keine eigenen Sehenswürdigkeiten, doch liegen der elefantenreiche *Minneriya National Park* (9 km) und die Einsiedelei von *Ritigala* (18 km) nicht weit entfernt.

ESSEN & TRINKEN ÜBERNACHTEN

CHAAYA VILLAGE
Großzügige Anlage im Grünen. Viele Freizeitmöglichkeiten werden geboten, darunter Vogelbeobachtung am nahe gelegenen Habarana Wewa. *106 Zi. | Tel. 066 2 27 00 47 | www.chaayahotels.com | €€*

CINNAMON LODGE
Schöne Anlage im Chaletstil auf einem parkähnlichen Gelände, mit Swimmingpool und Tennisplätzen. Gutes Restaurant. *141 Zi. | am Stausee | Tel. 066 2 27 00 11 | www.cinnamonhotels.com | €€*

ZIELE IN DER UMGEBUNG

MINNERIYA NATIONAL PARK ★
(137 F1–2) *(ØØ G9)*
Das 8889 ha große Schutzgebiet rund um den *Minneriya Wewa* ist Heimat vieler Wasservögel, Sambarhirsche und Wildelefanten. Während der Trockenzeit zwischen Juni und Oktober finden sich am Rand des Stausees zum **INSIDER TIPP** *Elephant Gathering* zuweilen über 100 Dickhäuter ein. Der Eingang des Nationalparks liegt 9 km östlich von Habarana an der Straße nach Polonnaruwa. Weiter nördlich erstreckt sich der *Kaudulla Nationalpark*. *Eintritt 15 US$ plus Steuern und Gebühren*

RITIGALA ● **(137 E1)** *(ØØ F8–9)*
Dschungelfeeling, antike Ruinen, die abgeschiedene Lage – das naturgeschützte Ritigala ist ein verwunschener Ort inmitten des Kulturdreiecks. Mit 766 m überragt der Berg die weite Ebene und darf als *Strict Nature Reserve* nur an seiner Basis betreten werden. Dort liegen die Reste über 1000 Jahre alter Einsiedeleien, wo einst die *Pamsukulika*, eine Gruppe von Waldmönchen, in großer Abgeschiedenheit und Askese lebten. Ein etwa 600 m langer Pfad führt vorbei an Resten eines Wasserbassins, eines Heilbads und einer Plattform für die Gehmeditation. Die Ruinen sind über eine Stichstraße von der A 11 nach Anuradhapura zu erreichen. *Eintritt frei*

POLONNA-RUWA

(138 B2) *(ﾑ H9)* **Die Ursprünge dieser zweiten Königsstadt liegen im Dunkeln, in vorchristlicher Zeit.**

Zwar war der Ort unter anderen Namen bereits im 4., im 8. und im 10. Jh. für jeweils kurze Zeit Residenz der Herrscher von Anuradhapura. Aber was heute mit Polonnaruwa-Epoche beschrieben wird, begann erst nach der Zerstörung Anuradhapuras. Im 11. Jh. vertrieb König Vijaya Bahu zunächst die Cholas, eine tamilische Dynastie, aus Polonnaruwa. Sein Nachfolger Parakrama Bahu (1153–86) begründete mit großartigen Bauten, mit Kanälen und Parks den Ruhm dieser zweiten Metropole. Polonnaruwas Blütezeit war jedoch von kurzer Dauer: Schon 1211 fielen wieder Tamilen ein, und 1314 wurde die Stadt aufgegeben, dem Urwald und der Vergessenheit überlassen. Wie in Anuradhapura waren es wiederum die Engländer, die im 19. Jh. mit der Ausgrabung begannen. Das moderne Polonnaruwa ist ein nichtssagendes Distrikthauptstädtchen von 15 000 Einwohnern.

SEHENSWERTES

Das Ruinenfeld ist sehr weiträumig. Die Wege zu den Relikten der großen Zeit sind gut ausgeschildert, es sind angenehme Spazierpfade mit Rast- und Schattenplätzen. Wer Zeit hat, sollte sich den Spaß machen und das große Gelände **INSIDER TIPP** mit dem Fahrrad erkunden. Viele Hotels am Stausee vermieten stabile Räder für wenig Geld *(300 Rps. pro Tag)*. Bei einem Tag in Polonnaruwa konzentrieren Sie sich am besten auf folgende Sehenswürdigkeiten *(tgl. 7–18 Uhr |*

Eintritt zu den historischen Stätten 25 US$, Tickets sind im Museum erhältlich):

GAL VIHARA ★

Polonnaruwas schönster Ort: vier in einen länglichen Granitfelsen gearbei-

Die liegende, 12 m lange Statue des sterbenden Buddha in Polonnaruwa

tete Buddhafiguren in vollkommener Harmonie mit sich und der Umgebung. Von einem wenig ansehnlichen Dach geschützt, zeugen sie von der Bildhauerkunst des 12. Jhs. Meisterhaft: die beiden wohlproportionierten Buddhas in Meditationspose. Rätselhaft: die stehende Figur mit einer unbekannten Handhaltung (eventuell später hinzugekommen). Entrückt: der 12 m lange, auf schönen Rundkissen mit Lotosmuster

auf die vier Eingänge schauen. Ebenfalls einen längeren Blick lohnt *Thuparama*, das besterhaltene und wahrscheinlich älteste Gebäude in ganz Polonnaruwa. Das Dach dieses einstigen „Hauses der Buddhabilder" erinnert an südindi-

Buddhastatue in Giritale, nur weniger Kilometer von Polonnaruwa entfernt

liegende, sterbende Buddha vor seinem Eintritt ins Parinirvana.

HEILIGES VIERECK (QUADRANGLE)

Ruinen gleich mehrerer Tempel liegen im Zentrum des ehemaligen heiligen Bezirks. Ältestes Relikt ist *Atadage*, um 1100 als Tempel des Zahns errichtet. Etwas später wurde diese Reliquie, die heute in Kandy verehrt wird, im sehr viel größeren, ebenfalls rechteckigen *Hatadage* untergebracht. Südlich davon lassen die Reste des *Vatadage* die Besucher staunen: Von diesem Rundtempel stehen zwar nur noch Teile der alten Mauern, er wirkt aber höchst eindrucksvoll. Dazu tragen vier Buddhastatuen bei, die

sche Tempelbauten. In einer Ecke des Vierecks, neben dem Hatadage, steht *Gal Pota,* das „Steinerne Buch": In die Platte auf dem gewaltigen Steinblock (8 m lang, fast 1,4 m breit) ließ König Nissanka Malla seine Heldentaten eingravieren.

KÖNIGSSTATUE

Die Königsstatue befindet sich etwa zehn Gehminuten vom Ruinenbezirk entfernt. Der ☀ Weg führt auf der Dammkrone des Stausees entlang und bietet schöne Ausblicke auf Reisfelder, Resthouse und Ruinen. Die reliefartige, aus dem Felsen geschlagene Figur zeigt einen bärtigen Mann mit freiem

Oberkörper und zufriedenem Gesichtsausdruck. Beide Hände halten dem Betrachter einen länglichen Gegenstand entgegen – ein Palmblattmanuskript, ein Joch? Es gibt keine Klarheit, auch nicht darüber, ob die Statue wirklich, wie oft behauptet, den großen König Parakrama Bahu darstellt.

LANKATILAKA

Ehemaliges Bilder- und Statuenhaus im größten Klosterkomplex. Die Maße sind imposant: etwa 50 m Länge, fast 20 m Breite. Die Säulen, die den Weg zu einem inzwischen kopflosen, stehenden Buddha einrahmen, ragen etwa 16 m in die Höhe. Nördlich dieser Ruine – ihr Name bedeutet „Juwel Lankas" – erhebt sich *Kiri Vihara*, die Milchdagoba. Namen und Glanz erhielt die Kuppel, weil sie, mit Muschelkalk verputzt, weiß erstrahlte – ein Symbol der Reinheit der Lehre.

MUSEUM ●

Das sehenswerte Museum bietet dank seiner Klimaanlage nicht nur Kühlung während der Mittagshitze, sondern gewährt auch einen guten Einblick in die Bedeutung und Entwicklung der einstigen Königsstadt. Modelle rekonstruieren das einstige Aussehen verschiedener Monumente und Exponate bezeugen die künstlerische Blüte zu jener Zeit. Sehr reizvoll ist die Sammlung hinduistischer Bronzestatuen, darunter wunderschöne Beispiele des tanzenden Shiva. *Tgl. 9–18 Uhr | Eintritt im Ticketpreis enthalten*

PALASTBEZIRKE

Gleich nordwestlich vom Resthouse sind die Überreste der Herrschaftsbereiche der Könige Parakrama Bahu I. und Nissanka Malla zu sehen: Hallen, Bäder und Festung (Zitadelle).

ESSEN & TRINKEN ÜBERNACHTEN

RESTHOUSE

Romantische Lage am Stausee. Die zehn Zimmer sind groß und schlicht. Gemütliche Stimmung herrscht auf der Veranda; gutes Essen (z. B. Fisch aus dem See). *Tel. 027 2 22 22 99 | €*

HOTEL SUDU ARALIYA

Familienfreundliche Unterkunft mit weitläufigem Garten direkt am Stausee; 30 nette Zimmer, großer Pool. *New Town | Tel. 027 2 22 48 49 | www. hotelsuduaraliya.com | €–€€*

ZIELE IN DER UMGEBUNG

GIRITALE (138 A2) (*ω H9*)

11 km vor Polonnaruwa an der A 11 liegt ein Natur- und Vogelschutzgebiet an zwei antiken Stauseen. Von hier aus lassen sich spannende Natur- und Tierbeobachtungen unternehmen, auch mit dem Fahrrad. Mehrere komfortable Hotels bieten sich für einen erholsamen

LOW BUDG€T

▶ Das *Lake Wave Hotel (522/31 Lake Road, Stage 2 | Tel. 025 3 77 25 25 | www.lakewavehotel.com)* liegt am Kumbichchan Kulama unweit des neuen Busbahnhofs im Süden von Anuradhapura und ist mit nur vier Zimmern eine gute Wahl unter den Budget-Unterkünften.

▶ Gut und günstig wohnen Sie im familiären *Devi Tourist Home (5 Zi. | Lake View Watte, New Town Road | Tel. 027 2 22 31 81)* in Polonnaruwa.

Gemalte Märchen: die anmutigen Wolkenmädchen am Sigiriyafelsen

Stopp zwischen den Besichtigungen an, am schönsten und mit einer tollen Poollandschaft das *Deer Park (Tel. 027 2 24 62 72 | www.deerparksrilanka.com | €€)*.

INSIDER TIPP **MEDIRIGIRIYA**

(138 A–B1) (*Ⓜ H8*)

Der wenig besuchte Rundtempel (40 km nördlich von Polonnaruwa) geht auf eine Stiftung des Königs Aggabodhi IV. (Regierungszeit 667–683) aus Anuradhapura zurück. Doch vermutlich befand sich dort bereits im 2. Jh. ein Kloster. Vier Buddhastatuen in der Mitte des Heiligtums sind von je acht Säulen in jeder Himmelsrichtung eingerahmt. Weitere Ruinenreste befinden sich in der hügeligen Umgebung. Die landschaftlich schöne Fahrt dorthin führt zeitweise entlang eines uralten Wasserkanals durch die Reiskammer des Kulturdreiecks. Dank des antiken Bewässerungssystems kann hier zweimal jährlich das wertvolle Korn geerntet werden.

SIGIRIYA

(137 F2) (*Ⓜ G9*) ⭐ ☼ **Ein rotbrauner Felsen, einem Tafelberg ähnlich, ragt weithin sichtbar aus der Ebene.**

Sein Name steht für ein weltberühmtes Symbol ceylonesischer Hochkultur: die *Wolkenmädchen von Sigiriya* aus dem 5. Jh. n. Chr., farbige Fresken, deren anmutige Schönheit den steilen Weg auf die halbe Höhe des Bergs ganz gewiss lohnt. Morgens gegen 8 Uhr ist der Aufstieg am angenehmsten, es ist noch nicht zu heiß, und die vielen Gruppen kommen meistens erst nach 9 Uhr. Einige Steinstufen und eine schmale Wendeltreppe führen zunächst zu den Wolkenmädchen, die auf dem Weg zur ersten Aussichtsplattform an einer höhlenartigen Felsmauer zu bewundern sind. Seit uralten Zeiten bezaubern diese Frauen, mit bloßem Oberkörper und mit Blüten und Früchten in den Händen dargestellt, die Besucher. Sind es Prinzessinnen, Dienerinnen oder Nymphen? Oder, wie viele Kunsthistoriker vermuten, göttliche Wesen, *Apsaras*?

Wem der Weg zum Gipfelplateau zu anstrengend ist, der kann die Aussicht von der mittleren Plattform genießen. Dort, wo der steile Weg hinauf zur Spitze zwischen zwei steinernen Löwentatzen beginnt, werden Erfrischungen und Postkarten verkauft. ☀ In 200 m Höhe bietet sich ein eindrucksvoller Blick über den Urwald. Das sehenswerte Museum unweit des Haupteingangs zeigt anhand von Modellen und Funden die Bedeutung von Sigiriya im Lauf der Zeit. *Tgl. 7–17 Uhr | Einzelticket 30 US$*

ESSEN & TRINKEN ÜBERNACHTEN

RESTHOUSE

Im typischen Stil einfacher Kolonialherbergen. Eine gute Adresse für ein Curry oder eine Teepause nach dem Besuch des Felsens. *13 Zi. | mitten in Sigiriya | Tel. 066 2 28 62 99 | €*

SIGIRIYA ☀

Hübsch gelegene Unterkunft in Sichtweite des Felsens; mit Pool. *80 Zi. | Tel. 066 2 28 68 21 | www.serendibleisure.com | €*

SIGIRIYA VILLAGE ☀

Etwas komfortabler als das Sigiriya, Reihenbungalows mit weitläufigem Garten und Pool. Das Ayurvedic Centre bietet sehr gute Massagen an. *124 Zi. | Tel. 066 2 28 68 03 | www.forthotels.lk | €€*

JETWING VIL UYANA

Das weitläufige Öko-Resort liegt 10 km westlich von Sigiriya. 24 Bungalows stehen auf Stelzen inmitten von Teichen oder Reisfeldern. Gutes Spa, interessante Tourprogramme und viel Wildlife rund um das Resort. *Tel. 066 4 92 35 84 | www.jetwinghotels.com | €€€*

BÜCHER & FILME

▶ **Anils Geist** – Bildgewaltiger Roman (2001) aus der Feder des in Sri Lanka geborenen Autors Michael Ondaatje. Dabei zeigt sich sein sensibles Gespür für die Schönheit und Tragik der Insel

▶ **Es liegt in der Familie** – Auf zuweilen humorvolle Weise beschreibt der Bestseller-Autor die Geschichte seiner Großfamilie Ondaatje im Vorkriegs-Ceylon (erschienen 1997)

▶ **Am Rande des Himmels** – Der Roman (2005) von Romesh Gunesekera schildert die atemberaubende Odysee von Marc durch die Heimat seiner Kindheit

▶ **Death on a Full Moon Day** – Der preisgekrönte Film von 1997 mit dem Originaltitel *Purahanda Kaluwara* von Prasanna Vithanage beschreibt die Geschichte eines Vaters, der den Tod seines gefallenen Sohns nicht wahrhaben will (erhältlich über *www. vithanage.com*)

▶ **Sri Lanka – Reiselust** – Kitschige Fernsehdokumentation von 2006 über die Insel aus der bekannten ZDF-Reihe

▶ **Die Brücke am Kwai** – David Leans Weltkriegsklassiker wurde 1956 am Kelani-Ganga bei Kitulganga gedreht

DIE OSTKÜSTE

Eine Landschaft aus Felsen, Savanne, Dschungel, künstlichen Seen und Lagunen kennzeichnet den Osten. Entlang der Küste erstrecken sich einige der schönsten Strände: Nilaveli bei Trincomalee, Passekudah und Kalkudah, 30 km nördlich von Batticaloa, sowie die Surferhochburg Arugam Bay südlich von Pottuvil.

Hier ist INSIDER TIPP▶ Badesaison von Mai bis September, wenn an der Westküste die Monsunregen niederprasseln. Die Jahre des Bürgerkriegs haben ihre Spuren hinterlassen, und hier und dort gibt es noch Checkpoints der Armee, doch insgesamt herrscht in der Region eine entspannte Atmosphäre. Dank einer verbesserten Infrastruktur und einer zunehmenden Zahl guter Unterkünfte ist der Osten wieder problemlos zu bereisen. Die freundlichen Bewohner freuen sich auf jeden Fall über die Rückkehr der Touristen.

ARUGAM BAY/ POTTUVIL

(143 F2) (🗺 M14) Vom langen Bürgerkrieg und dem Tsunami 2004 hart getroffen, lockt die ★ Arugam Bay längst wieder die enthusiastische Surfergemeinde aus aller Welt an.

Schließlich gilt die sanft geschwungene Bucht als eines der besten Surfreviere überhaupt. Die Traveller finden einfache

---

Bild: Hindutempel in Trincomalee

Aufbruch Ost – nach dem Ende des Bürgerkriegs meldet sich Sri Lankas Osten auf der touristischen Landkarte zurück

Budgetunterkünfte ebenso vor wie nette Bungalow-Anlagen.

SEHENSWERTES

MUDU MAHA VIHARE

Mit dem Fahrrad können Sie zum „Großen Kloster am Meer", dem *Mudu Maha Vihare*, fahren, das in den Dünen am südlichen Stadtrand des nahen Moslemstädtchens Pottuvil liegt. Ruinen, Säulen und eine Dagoba ragen eindrucksvoll aus dem Sand. Herzstück sind im einstigen Statuenhaus ein 3 m großer Buddha und zwei ihm zugewandte Bodhisattva-Statuen. Sie lassen auf mahayana-buddhistische Einflüsse des vermutlich aus dem 5. Jh. stammenden Klosters schließen. *Tgl. | Eintritt frei*

ESSEN & TRINKEN ÜBERNACHTEN

INSIDER TIPP ▸ **HIDEAWAY**

Freundliches Resort, allerdings nicht direkt am Strand, sondern auf der ande-

Viel Sonne und hohe Wellen machen die Arugam Bay zum Topziel für Surfer

ren Straßenseite, drei Minuten vom Meer entfernt. Gutes Essen. Die Angestellten sorgen für eine angenehme Atmosphäre. *5 Zi. und 7 Cabanas | Tel. 063 2 24 82 59 | www.hideawayarugambay.com | €*

SIAM VIEW

Eine fröhliche Multikultitruppe führt dieses Resort am Surfer's Point. Das Siam View bietet drei einfache Zimmer. Das Restaurant serviert gute Thaigerichte, an der Strandbar gibt es kühle Drinks und leckeres Fassbier; hier finden regelmäßig Beachpartys statt. *Mobil 0773 20 02 01 | www.arugam.com | €*

STARDUST

Mehr als 20 Jahre lang war das Stardust *das* Hotel an der südlichen Ostküste Sri Lankas. Inhaber Per Goodman hatte schon nahezu legendären Status. Der Tsunami machte fast alles zunichte, Per und zwei seiner Mitarbeiter kamen dabei ums Leben. Seine

Frau Merete aber macht weiter. Das Restaurant bietet wieder wie gewohnt dänische und tropische Spezialitäten an. *8 Zi. im Haupthaus, 3 Cabanas | www. arugambay.com | €–€€*

FREIZEIT & STRÄNDE

330 Sonnentage pro Jahr, Wassertemperaturen zwischen 24 und 28 °C und bis zu 4 m hohe Wellen haben den Ruf der Arugam Bay als Topziel für Surfer begründet. Vorbei an Hütten, vor denen die vorwiegend muslimischen Fischer ihre Netze flicken, spazieren die Surfer zu einem der zehn Surfspots entlang der 1,5 km langen Bucht. Der schmale Strand ist nicht immer sauber und aufgrund der starken Brandung nur für erfahrene Schwimmer geeignet. Wer ohne sein eigenes Brett anreist, kann es sich bei den meisten Unterkünften ausleihen. Kurse bietet u. a. der *Arugam Bay Surf Club (c/o Fawas Lafeer | Tel. 077 9 55 22 68)* an.

ZIELE IN DER UMGEBUNG

INSIDER TIPP ▶ KUMANA NATIONAL PARK

(143 E–F 3–4) (ⓜ L–M 15–16)

Nur 40 Fahrminuten südlich der Arugam Bay erstreckt sich der 180 km² große Kumana National Park. Er bildet den nördlichen Abschluss des riesigen, in fünf Sektionen gegliederten Yala-Schutzgebiets. Aufgrund der vielen Lagunen und des Kumana-Stausees ist der Nationalpark ein wichtiges Refugium für Vögel. Zu den 255 bislang gezählten Arten gehören Graupelikane und Riesenstörche. Auch Elefanten und Goldschakale streifen durch die regenarme Savannenlandschaft. Die Zufahrt führt über Panama nach Okanda, wo nicht nur der Parkeingang liegt, sondern mit dem hinduistischen *Okanda Malai Murugan Kovil* eine bedeutende Raststation der Pilger auf ihrem Weg nach Kataragama. *Tgl. 6–18 Uhr | Eintritt 2500 Rps.*

LAHUGALA-KITULANA NATIONAL PARK ● (143 F2) (ⓜ M14)

Etwa 18 km westlich von Pottuvil erstreckt sich entlang der A 4 dieser mit nur 15,5 km² kleinste Nationalpark Sri Lankas. Das erst 1980 etablierte Schutzgebiet dient als Korridor zwischen den Nationalparks Yala-Ost und Gal Oya. Besonders zwischen August und Oktober ist die Chance groß, dort auf eine Herde von Elefanten zu stoßen – die Sie mit etwas Glück schon von der A 4 aus sehen können. Doch auch die Vogelfreunde kommen bei über 100 verschiedenen Arten garantiert auf ihre Kosten. Der Besuch kann mit dem von Magul Mahu verbunden werden. *Tgl. | Eintritt frei*

MAGUL MAHU (143 E2) (ⓜ L14)

Man fährt erst ein Stück auf der A 4 nach Westen und biegt (ausgeschildert) nach knapp 8 km links ab, in eine Savannen- und Dschungellandschaft. Nicht selten passieren hier Elefanten die Straße. Mitten im Urwald tauchen die Ruinen eines buddhistischen Klosters auf. Es wurde im 6. Jh. von König Dhatusena aus Anuradhapura errichtet und im 14. Jh. erneuert. Ein paar freundliche Hilfskräfte, die die riesige Anlage in Ordnung halten, führen Besucher gern herum. *Tgl. | Eintritt frei*

INSIDER TIPP ▶ PANAMA

(143 F3) (ⓜ M15)

Das Dorf gut 12 km südlich von Arugam Bay ist Endpunkt der befestigten Straße Richtung Yala National Park, die allerdings nur während der trockenen Monate zu befahren ist. „Paanama", so wird es ausgesprochen, ein singhalesisches Dorf, hat sich seine Ursprünglichkeit bewahrt. Die Einwohner sind freundlich und zurückhaltend. Den Ausflug sollten Sie am besten nachmittags unternehmen. Dann sind die Chancen größer, riesige Krokodile zu sehen, die sich auf den Sandbänken in den kleinen Flussläufen sonnen. Eine unglaublich bunte Vogelwelt bevölkert einen See 3 km westlich vom Dorf.

BATTICALOA

(139 E3) (*L10*) **Touristen tauchen in der zweitgrößten Stadt an der Ostküste selten auf, obwohl die Straßenanbindung mittlerweile ziemlich gut ist. Bislang gibt nur es nur einfache Unterkünfte.**

Die Bootsleute an der Lagune hoffen trotzdem, dass bald wieder Gäste kommen, die mit ihnen nachts hinausfahren, um die „singenden Fische" zu hören. Man müsse, so erklären es die Einheimischen, nur das Ohr an ein Ruder legen, wenn dieses ins stille Wasser gehalten wird. Dem Autor ist dieses Wunder auch nach vielen Anläufen nie zuteil geworden. Während die Fischer mehrheitlich tamilische Christen sind, folgen die Reisbauern der Region, auch Tamilen, der Hindureligion. In der Kleinstadt leben auch Muslime, vorwiegend als Händler und Lastwagenfahrer. Hauptattraktion der Stadt ist das trutzige *Holländische Fort* von 1682, dessen Eingangstor zwei rostige Kanonenrohre und das Wappen der „Vereinigde Oostindische Compagnie" (VOC) schmücken. In seinem Inneren sind diverse Behörden angesiedelt. Die INSIDER TIPP **wunderschönen Strände** in der Umgebung, etwa der nahe *Kallady Beach,* sind fast menschenleer. Dafür lockt 17 km vor der Küste auf dem Meeresgrund Sri Lankas berühmtestes Schiffswrack die Taucher an. Die HMS *Hermes,* erster Flugzeugträger der Welt, ruht dort seit einem Angriff japanischer Kriegsflugzeuge im Jahr 1942 in 60 m Tiefe.

LOW BUDG€T

▶ Keine 5 Euro kostet ein Zugticket 2. Klasse von Colombo nach Trincomalee. In Habarana oder Gal Oya Junction können Sie die Fahrt unterbrechen, um die Stätten des Kulturdreiecks zu besuchen.

▶ Das Shahira Hotel am Nilaveli Beach, nur 100 m vom Strand, bietet einfache, aber nette Zimmer mit Veranda und Ventilator zu günstigen Preisen. Freundlicher Service. *28 Zi. | Tel. 026 5 67 02 76*

▶ Das sympathische *Arugambay Surf Resort* ist ein preiswertes, auf die Bedürfnisse der Surfer ausgerichtetes Gästehaus direkt am Strand. *12 Zi. | Tel. 063 2 24 81 89 | www. arugambay.lk*

ZIELE IN DER UMGEBUNG

PASSEKUDAH UND KALKUDAH
(139 E2) (*L9*)
Bis Anfang der 1980er-Jahre zählten die Strände von Passekudah und Kalkudah, etwa 30 km nördlich von Batticaloa, zu den beliebtesten Badeorten an der Ostküste. Doch infolge des Bürgerkriegs bleiben sie jahrzehntelang verwaist. Nun will die Regierung die Strände durch einen ambitionierten Aktionsplan aus dem Dornröschenschlaf wecken. Schon wird fleißig an neuen Resorts gebaut. Einige sind mittlerweile eröffnet, darunter das schicke und teure *Maalu Maalu Resort & Spa (40 Zi. | Passekudah | Tel. 065 7 38 83 88 | www.maalumaalu.com | €€€)* mit modernen Bungalows, minimalistischem Design und einem großen Pool.

Treffpunkt Marktplatz: Ein Kartenspiel ist ein angenehmer Zeitvertreib

TRINCOMA-LEE

(135 E5) (*J6*) **Eigentlich nur eine staubige und gesichtslose Küstenstadt (22 000 Ew.) – wenn nicht der Swami Rock mit dem Hinduheiligtum Koneswaram wäre.**

Und die Bucht mit dem schönen Naturhafen, eingerahmt von Hügeln (und schwer bewacht von der Marine), der lebhafte Fährhafen, die ländlichen Vororte und natürlich die Traumstrände, die sich im Norden direkt an die Stadt anschließen. *Trinco,* wie die Einheimischen sagen, war in den 1980er- und 90er-Jahren oft heftig umkämpft. Im Hafen versenkten mal die „Tiger", mal die Regierungstruppen die Schiffe der Gegner. Heute ist die Lage ruhig, und dank der gut ausgebauten A 6 gelangt man von Habarana im Herzen des Kulturdreiecks bereits nach zwei Fahrstunden an die Ostküste. Auch die **INSIDER TIPP** Bahnfahrt lohnt sich aufgrund der interessanten Landschaft.

SEHENSWERTES

FORT FREDERICK ★

Alle wichtigen Sehenswürdigkeiten liegen, gut zu Fuß erreichbar, auf einer Halbinsel zwischen Dutch und Back Bay. Die „Nase", die hier ins Meer ragt, ist nahezu vollständig vom Fort Frederick bebaut, das seit 1803 den Namen des damaligen Herzogs von York trägt. An ihrem Ende erhebt sich 130 m über dem Meer der *Thiru Koneswaram.* Dieser Hindutempel ist Shiva geweiht und wurde erst 1952 wiedererrichtet, nachdem ihn die Portugiesen zerstört und ab 1624 mit seinen Steinen das Fort erbaut hatten. Später wurde die Festung von den Engländern genutzt und dient heute dem srilankischen Militär als Kaserne. Der *Thiru Koneswaram Tempel* aus der Blütezeit tamilischer Herrschaft an der Ostküste soll 1000 Säulen gehabt haben. In der Brandung, am Fuß des Felsens, sind Bruchstücke des einst prächtigsten Hindutempels der Insel zu sehen. Der hochverehrte *Lingam* im jetzigen Tempel, Fruchtbarkeitssymbol und eine Form Shivas, wurde von

Tauchern aus dem Meer geborgen und stammt aus dem Vorgängerbau. Jeden Tag um 7, 11.30 und 16 Uhr finden farbenfrohe Zeremonien statt. Wenn Sie hier fotografieren möchten, bitten Sie vorher um Erlaubnis.

Mit einem Schaudern werden Besucher am *Swami Rock*, dem höchsten Punkt des Forts in die brodelnde Tiefe schauen. Dieser Aussichtspunkt heißt auch ☙ *Lover's Leap*, da sich an dieser Stelle 1687 Francina Van Rheede ins Meer gestürzt hat; Eifersucht, verschmähte Liebe ... Die Geschichte ging gut aus, die junge Holländerin überlebte den Sturz. *Tgl. | Eintritt frei | Zugang über ein Tor an der Fort Frederick Road*

PATHIRAKALI AMMAN KOVIL

Nicht weit vom Zugang zum Fort, an der Dockyard Road gegenüber der Esplanade mit dem McHeyzer-Stadion steht ein weiterer Hindutempel zu Ehren von Kali, der Schutzgöttin von Trincomalee. Der *Pathirakali Amman Kovil* stammt aus dem 11. Jh. und beeindruckt zusammen mit dem kleineren, ebenfalls der rachsüchtigen Gottheit geweihten *Kali Kovil* – etwas davor – mit einem bunten, über und über verzierten Portalturm. Nach südindischem Vorbild dienen diese auch *Gopuram* genannten Eingänge zur Erinnerung an die vielerlei Geschichten aus der indischen Mythologie. *Tagsüber | Eintritt frei*

ESSEN & TRINKEN ÜBERNACHTEN

In der Stadt gibt es einige einfache Lokale, etwa das Gartenrestaurant *Trinco Village (246 Dockyard Ecke Dyke Street | €)*. Wer Lust auf leckere italienische Küche hat, ist im *Palm Beach Resort (12 Alles Garden | €)* am Uppuveli Beach richtig. Unbedingt rechtzeitig reservieren!

CHAAYA BLUE

Das Resort aus den 1970er-Jahren hat sich gemausert und wurde 2010 grundlegend erneuert. Mit seinen 81 Zimmern und Chalets sowie einem großen Pool lädt es zur perfekten Erholung am schönen Uppuveli-Strand an. Tipp: die Bootstouren nach Muttur oder zur Delphinbeobachtung. *81 Zi. | Tel. 026 2 22 23 07 | www.chaayahotels.com | €€–€€€*

WELCOMBE ☙

Das 1936 von einem britischen Pflanzer erbaute Gebäude ist das erste Hotel der Stadt und bietet einen Traumblick auf den Naturhafen. Die Küche ist exzellent, mit großem Angebot an Meeresfrüchten. *26 Zi. | 66 Orr's Hill | Tel. 026 2 22 23 73 | www.welcombehotel.com | €€*

ZIELE IN DER UMGEBUNG

KANNIYAI (135 E4) (*J6*)

Knapp 4 km nach Westen, an der A 4 in Richtung Anuradhapura, sprudeln sieben ● heiße Thermen aus dem ansonsten staubtrockenen Boden. Die Einheimischen pilgern schon seit alten Zeiten hierher, weil sie den Quellen Wunderkräfte zusprechen. Davon kündet bereits Asiens ältestes Epos, das „Ramayana". Dort lässt sich nachlesen, dass hier der böse Riese Ravana sein verdientes Ende gefunden hat. Er hatte Sita, die schöne Frau des indischen Prinzen Rama, auf die Insel Lanka verschleppt. Rama konnte sie nur mit Hilfe eines Affenheers befreien. Ravana rammte vor Wut bei Kanniyai seinen Spieß in den Boden und heulte sieben heiße Tränen – daraus wurden dann die sieben heißen Quellen. *Tgl. | Eintritt frei*

NILAVELI ★ (135 E4) (*J6*)

15 km nördlich von Trincomalee beginnt der berühmteste Strand der Ostküste. Seit

dem Ende des Bürgerkriegs herrscht hier Aufbruchstimmung, und die Zahl der Unterkünfte nimmt kontinuierlich zu. Beliebtes Ausflugsziel: *Pidgeon Island (20 Euro pro Boot, Eintritt 2000 Rps.)*, 300 m vor dem Strand. Der Trip wird von Hotels und freischaffenden Bootsleuten organisiert. Auch Walbeobachtungstouren sind im Angebot. Das *Scuba Diving Centre (www.scubasrilanka.com)* arrangiert Tauchtrips zum Coral Garden oder zum nördlich gelegenen Red Rock. Das familienfreundli-

nördlich von Nilaveli. Von der pittoresken Küstenstraße gen Norden zweigt bei Km 45 ein Weg links ab zum weitere 3 km entfernten Dorf Tiriyai. Nach 1,5 km Sandpiste erreicht man den Tempeleingang. Die Säulen des Tempels sollen aus dem 8. Jh. stammen; sie rahmen einen kleinen Reliquienschrein (Dagoba) ein. Seit sehr alten Zeiten werden dort acht Haare Buddhas verehrt, die zwei Händler vom Erleuchteten als Geschenk erhielten. *Tgl. | Eintritt frei*

Traditionelles Leben in Traumstrandnähe: tamilisches Fischerdorf bei Nilaveli

che *Nilaveli Beach Hotel (80 Zi. | Tel. 026 2 23 22 95 | www.tangerinehotels.com | €€)* mit Pool und nettem Openair-Restaurant zählt zu den beliebtesten Unterkünften. Empfehlenswert ist zudem das *Pigeon Island Beach Hotel (Tel. 026 4 92 06 33 | www.pigeonislandresort.com | €€)* mit Swimmingpool und 44 stilvollen Zimmern und Suiten.

INSIDER TIPP ▶ TIRIYAI (135 D3) (*⊠ H5*)
Ziel einer interessanten Tagestour ist eine Tempelruine auf einem Hügel unweit des Dörfchens Tiriyai, etwa 35 km

UPPUVELI (135 E4) (*⊠ J6*)
Der 5 km lange Strand von Uppuveli beginnt nördlich von Trincomalee und zieht vor allem Budgettouristen an, obwohl sich die Zahl der günstigen Unterkünfte in Grenzen hält. Empfehlenswert ist das *Sea Lotus Park Hotel (54 Zi. | Tel. 026 2 22 53 27 | www.lotustrinco.com | €–€€)*. Im nahen Dörfchen Sampalthivu erinnert ein *Commonwealth-Soldatenfriedhof* an die Opfer japanischer Angriffe 1942, als Trincomalee wichtigste Marinebasis der britischen Kolonialmacht im Indischen Ozean war.

DER NORDEN

Die wie eine Katzenkralle ins Meer ragende Jaffna-Halbinsel überrascht durch eine lebendige Tamilenkultur und interessante Landschaften. Noch sind die Spuren des jahrzehntelangen Bürgerkriegs sichtbar, doch die Menschen schauen optimistisch in die Zukunft.

Touristische Infrastruktur ist hier noch kaum vorhanden. Doch wer sich auf den weiten Weg macht – zwischen Colombo und Jaffna liegen 400 mühevolle Kilometer –, wird bereichert zurückkehren. In der Tamilenmetropole gibt es neben dem bunt-fröhlichen Hindutempel Nallur Kandaswamy Kovil viele koloniale Bauten zu sehen, während die kargen Inseln in der Palk Strait eine ganz eigene Stimmung verbreiten. Nahe Sri Lankas nördlichstem Punkt Point Pedro liegen faszinierende Dünenlandschaften. Und überall trifft man auf freundliche, interessierte Menschen.

JAFFNA

(130 C2) (*∅ C1*) **Auf den ersten Blick wirkt die Metropole (160 000 Ew.) im Norden wenig einladend: staubige Straßen und kriegszerstörte Bauten überall.** Auch lässt die starke Militärpräsenz nicht unbedingt Urlaubsstimmung aufkommen. Trotzdem lohnt sich ein Besuch. In den Geschäften hängen bunte Saris, und in den Fernsehkanälen laufen indische Soap-Operas. Während der hinduistischen Gebetszeiten läuten die Tempelglocken, das buddhistische Sri Lanka scheint weit weg.

Bild: Der Perumal Kovil in Jaffna

Herz der Tamilenkultur – jahrzehntelang für Touristen verschlossen lockt der Norden jetzt Abenteuerlustige an

SEHENSWERTES

An die koloniale Vergangenheit erinnern mehrere Kirchen, wie etwa der *Rosarian Convent* in der Convent Road oder die massive *St. Mary's Cathedral* in der Main Street. Bereits von Weitem ist der elegante Uhrturm zu sehen, um den herum in der Vergangenheit das Geschäftsleben pulsierte – bis die Gebäude im Krieg zerstört wurden, so auch die berühmte *Jaffna Public Library*. Von einer singhalesischen Polizeieinheit 1981 in Brand besetzt, gingen damals über 97 000 Schriften für immer verloren. Erst 2004 wurde das einem indischen Mogul-Palast nachempfundene Gebäude wieder eröffnet *(nur von außen zu besichtigen).*

FORT

Die sternförmige Festung am Rand der Jaffna-Lagune avancierte zu einer Touristenattraktion. Doch das erfordert noch ziemliche Anstrengungen, denn viele Gebäude im Inneren wurden Anfang der 1990er-Jahre bei Kämpfen zwischen der

Von Hindus verehrt:
der Nallur Kandaswamy Kovil

srilankischen Armee und der LTTE zerstört. 1618 von den Portugiesen errichtet, geht die heutige Gestalt des Forts auf die Holländer zurück, die 1658 Jaffna einnahmen. Zwischen 1795 und 1948 war hier eine britische Garnison untergebracht, auch seit der Unabhängigkeit dient das Fort militärischen Zwecken. Neben der Renovierung der Bastionen werden derzeit das *Queen's House*, einst Residenz des Kommandeurs, und die 1706 geweihte, kreuzförmige *Kruys Kerk* wieder hergestellt. *Zugang über ein Tor an der Beach Road*

NALLUR KANDASWAMY KOVIL ⭐

Allein das im Nordosten von Jaffnas gelegene Hinduheiligtum lohnt den Besuch in der Stadt. Es ist dem Kriegsgott Murugan (Skanda) geweiht und zählt zu den fünf wichtigsten hinduistischen Wallfahrtsorten Sri Lankas. Schon von Weitem beeindruckt der *Nallur Kandaswamy Kovil* durch sein elegant geschwungenes

Dach. Die Anfänge des Tempels liegen im Dunkeln. Wie andernorts auch, zerstörten die Portugiesen 1620 auch diese Kultstätte. Während die ältesten Teile der heutigen Anlage in die Mitte des 18. Jh. zurückreichen, stammt die markante, rotweiß gestreifte Mauer erst aus dem Jahr 1909. Das Innere ist zweigeteilt, mit einem überdachten Hof mit Wasserbecken auf der Südseite und dem Haupttheiligtum mit diversen Einzelschreinen auf der Nordseite. Besonders zum berühmten Nallur-Festival, das am sechsten Tag nach dem Juli-Neumond beginnt und vier Wochen dauert, reisen Zigtausende von Pilgern nach Jaffna. Bei den nahezu täglich stattfindenden Prozessionen versinkt die Tempelanlage dann in einem Meer von Menschen. Männer dürfen das Innere nur mit nacktem Oberkörper betreten, fotografieren ist nicht gestattet. Am schönsten ist die Atmosphäre während der feierlichen Zeremonien um 5, 10, 12, 16 und 17.45 Uhr. *Tgl. 5–12 und 16–20 Uhr | Eintritt frei | Temple Road*

ESSEN & TRINKEN ÜBERNACHTEN

Außerhalb der Hotels gibt es bislang kaum annehmbare Restaurants. Das *Cosy Restaurant (€)* in einer Nebenstraße der Stanley Road bietet neben solider indischer Küche leckere Jaffna-Currys.

BLUE HAVEN

Die klimatisierten Zimmer sind zwar glanzlos, aber sauber, der Service freundlich. Pluspunkte sind allemal der Pool und die ruhige Lage. *9 Zi. | 70 Racca Road | Tel. 021 2 22 99 58 | www. bluehavenjaffna.com | €*

JAFFNA CITY HOTEL

Das Hotel ist derzeit Jaffnas beste Wohnoption. Hinter einem netten Vorhof erhebt sich ein moderner Bau mit ziemlich plüschigen Zimmern, Sauna, Fitnessraum und gutem Restaurant. *10 Zi. | 70/6 K.K.S. Road | Tel. 021 2 22 59 69 | www.cityhoteljaffna.com | €€*

ZIELE IN DER UMGEBUNG

INSELN (130 A–B 2–3) (*◫ A–B 1–2*)

Unbedingt empfehlenswert ist ein Besuch der in flachen Gewässer des Palk Strait gelegenen Inseln. Dünn besiedelt und aufgrund der geringen Niederschläge nur karg bewachsen, verbreiten sie eine eigentümliche Atmosphäre. Drei von ihnen – *Karaitivu, Kayts* und *Punkudutivu* – sind mit befahrbaren Dämmen verbunden. Die größte Insel, *Kayts,* liegt gegenüber von Jaffna. Im gleichnamigen Hauptort ist die 1716 errichtete *St.-James-Kirche* sehenswert. Im Süden erstreckt sich beim Dorf Velanai der *Chaddy Beach,* der allerdings nicht unbedingt zum Baden einlädt. Von der ebenfalls mit einem Damm verbundenen Insel *Punkudutivu* legen die Fähren nach *Nainativu* und *Delft* ab. Unter den Singhalesen als *Nagadipa* (Schlangeninsel) bekannt, ist Nainativu einer der bedeutendsten buddhistischen Pilgerorte des Nordens, denn der Legende nach soll der Erleuchtete höchstpersönlich auf die Insel gekommen sein, um einen Streit zwischen einem Schlangenkönig und seinem Neffen zu schlichten. Heute erinnert ein stets geschmückter Stupa an diesen Besuch. Etwa eine Stunde benötigt die Fähre zur Insel Delft. Allerdings gibt es auf dem 50 km² großen Eiland außer den Delft-Ponys nicht viel zu sehen. Interessanter ist sicherlich das einst von den Niederländern „Amsterdam" genannte *Karaitivu* auch wegen des lauschigen Strands ★ *Casuarina Beach.* Der schmale Sandstrand mit den namensgebenden Kasuarinenbäumen erstreckt sich an der Inselnordseite bis zu einem Leuchtturm. Unterkünfte gibt es bislang keine.

KANTARODAI (130 C1–2) (*◫ C1*)

Etwa 12 km nördlich von Jaffna, unweit von Chunnakam, liegt im Dorf Kantarodai das eigentümliche Heiligtum *Purana Maha Raja Vihara* mit 20 halbkugelförmigen Miniatur-Stupas. Möglicherweise befand sich hier zwischen dem 2. Jh. v. Chr. und dem 13. Jh. ein buddhistisches Kloster. Die bis zu 2 m hohen Stupas bargen einst sterbliche Überreste der Mönche.

POINT PEDRO ★ (131 D1) (*◫ D1*)

In Sri Lankas nördlichstem Ort gibt es zwar keine Sehenswürdigkeiten, doch die Fahrt dorthin lohnt sich aufgrund der interessanten Landschaft. Unterwegs bietet sich ein Stopp im unweit des Flughafens gelegenen Hindutempel *Sri Selvachchannithi Kovil* an. Gen Osten erstrecken sich die Sanddünen von Manalkadu, in deren Nähe einige einfache, nach dem Tsunami wieder aufgebaute Fischerdörfer liegen.

★ Nallur Kandaswamy Kovil
In Jaffnas bedeutendstem Hindutempel können Sie eine bunte Götterwelt bestaunen → S. 98

★ Casuarina Beach
Zwar ist er nicht so schön wie die Strände an der Ostküste; dennoch lädt der Casuarina Beach auf der Insel Karaitivu zum Sprung ins Meer ein → S. 99

★ Point Pedro
Schon bei der Fahrt zu Sri Lankas nördlichstem Punkt beeindruckt die Landschaft → S. 99

MARCO POLO HIGHLIGHTS

AUSFLÜGE & TOUREN

Die Touren sind im Reiseatlas, in der Faltkarte und auf dem hinteren Umschlag grün markiert

1 TEMPELTOUR UM KANDY

Kultur, Geschichte und Romantik prägen diesen Ausflug ins Umland der heiligen Stadt. Er führt zu drei besonders verehrten und schön gelegenen Tempeln und zu einem Friedhof, der an eine traurige Periode der Inselgeschichte erinnert. Für den Ausflug sollten Sie mindestens sechs Stunden einplanen. Der Eintritt in die Tempel kostet 200 bis 300 Rps.

Sie können die insgesamt etwa 50 km lange Tour mit eigenem Wagen mit Fahrer oder dem allgegenwärtigen Three-Wheeler unternehmen (um 4000 bzw. 2000 Rps.). Ausgangspunkt ist der wenig besuchte **Kandy War Cemetery** an der Deveni Rajasinghe Mawatha im Ortsteil Dodanwala. Sie erreichen ihn mit dem Auto von Kandy auf dem Weg in den Universitätsvorort Peradeniya und dann am Mahaweli entlang in Richtung Aniwatta/Katugastota. Hier ruhen 201 Soldaten diverser Truppen des britischen Empires, von denen die meisten zwischen 1942 und 1945 im Abwehrkampf gegen die japanischen Invasoren gefallen sind. Die Toten liegen in Reihengräbern, nach ihren Religionen getrennt. Im Auftrag der Commonwealth War Graves Commission ist der Rasen stets akkurat geschnitten, die umgebenden Bäume zaubern ein herrliches Tropengrün und eine beschauliche Stimmung, um über über die Vergänglichkeit der Welt nachzusinnen.

Bild: Teeplantagen im Bergland

Eine Tempeltour rund um Kandy und eine Zugfahrt durch das Bergland – auf Sri Lanka warten Kultur und Natur auf Sie

Der erste der drei Tempel, die im Fokus dieser Tagestour stehen, ist **Embekke Devale**. Der Weg zu diesem Heiligtum zweigt westlich von Peradeniya in Polgahamula von der stets stark befahrenen Colombo-Kandy-Road ab und führt etwa 7 km auf einer guten, kurvenreichen Straße an grünen Reisfeldern, aufragenden Kokospalmen und einfachen Bauernhäusern vorbei nach Süden. Das Heiligtum ist dem Kriegsgott Skanda gewidmet, der von den Singhalesen Kataragama genannt wird und der Hindumytholo-

gie zufolge ein Sohn Shivas und Bruder des elefantenköpfigen Ganesha ist. Als Schutzgott der Insel sind ihm vielerorts Schreine, sogenannte *Devale*, gewidmet, so auch in Embekke. Sehenswert sind die 32 fein geschnitzten und mit attraktiven Darstellungen versehenen Säulen in der sogenannten Trommlerhalle. Als Material fand u. a. das hochwertige Ceylonesische Eisenholz Verwendung. Die seitlich offene Halle stammt wahrscheinlich aus dem 17. Jh. und war möglicherweise Teil der Audienzhalle der damals im nahen

Gampola residierenden Regenten. Als Stifter der ursprünglichen Anlage gilt jedoch König Vikramabahu III., der zwischen 1357 und 1374 das kleine Königreich in den Bergen regierte. Die hohe Kunst der Holzschnitzer können Sie noch im nahen Dorf Embekke bewundern, wo sich einige kleine Werkstätten befinden. Knapp 2 km nordwestlich von Embekke thront auf einem Felsen der ☀️ **Tempel von Lankatilaka**. Seine Ursprünge reichen ins Jahr 1344 zurück, wie die Inschrift des Königs Bhuvanekabahu IV. in einen Felsen beweist. Der Hauptbau entpuppt sich als eine interessante hindu-buddhistische Kombination: Während der Ostteil dem Erleuchteten gewidmet ist und in seinem Innern detailfreudige Decken- und Wandmalereien aus dem 17. Jh. birgt, werden im westlichen Bereich fast ein halbes Dutzend Hindugottheiten verehrt. In einem u-förmigen Korridor verteilen sich dort fünf Nischen

mit Altären zu Ehren von Vishnu (in der Mitte), Saman (linke Seite), Kataragama auf dem Pfau (links hinten), Vibhishana, einem Bruder des Dämonenherrschers Ravana aus dem Ramayana (rechte Seite) und ein Altar zu Ehren des Elefantengottes Ganesha (rechts hinten). Falls der massive Ziegelanbau verschlossen ist, fragen Sie nach dem Angestellten mit dem Schlüssel. Er hält sich fast immer auf dem Gelände auf.

Weitere 3 km nach Norden, ebenfalls auf einer Anhöhe gelegen, befindet sich schließlich der ☀️ **Tempel von Gadaladeniya** mit einem herrlichen Blick auf die Hügel der Umgebung. Südindische Stilelemente wurden beim ebenfalls 1344 errichteten Bau verwendet, was möglicherweise am Architekten, Inschriften zufolge einem Tamilen namens Ganeshvarachari, liegt. Die in die massiven Steinquadern geschlagenen Friesen entlang des Eingangsbereichs sind mit

Der Tempel von Gadaladeniya steht auf einem Hügel mit schönem Ausblick

schönen Elefanten- und Zwergendarstellungen verziert. Auf dem Gelände befinden sich noch eine Felsmulde mit Seerosen, ein Bodhibaum, ein meist verschlossener Schrein zu Ehren Vishnus und ein Stupa mit spitz zulaufendem Dach im typischen Kandy-Stil. Von dem Gadaladeniya-Tempel können Sie zur 2 km entfernten Nationalstraße 1 und via Peradeniya zurück nach Kandy fahren. Ein kurzer Halt lohnt sich im nahen Dorf **Kiriwalula**, dessen Bewohner sich auf die Messingverarbeitung spezialisiert haben. Auch der berühmte **Botanische Garten → S. 69** liegt am Wegesrand und lädt zu einem ausgiebigen Besuch ein.

BAHNFAHRT DURCHS BERGLAND

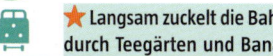

⭐ Langsam zuckelt die Bahn durch Teegärten und Bananenplantagen, über Viadukte und durch Tunnel, vorbei an grandiosen Schluchten und mit unvergesslichen Aussichten auf eine wilde Landschaft. Die Eisenbahnstrecke von Colombo ins Bergland zählt zu den schönsten Asiens. Von der Hauptstadt bis zum Endbahnhof in Badulla benötigt der Zug insgesamt etwa zehn Stunden.

Bahnhof Colombo-Fort, am frühen Morgen: großes Gedränge überall. Aus den Pendlerzügen strömen Tausende auf dem Weg zur Arbeit, vor den Zügen bilden sich Trauben drängelnder Passagiere. Kurz vor 6 Uhr startet das „Kleine Mädchen", die *Podi Menike*, zu ihrer Ganztagesfahrt ins Bergland. Am Zugende ist der *Observation Saloon* mit einer großen Glasfront angehängt. Erster Stopp ist **Gampaha**, ein Ort, der außer einem hübschen botanischen Garten vor seinen Toren, Henaratgoda, wenig zu bieten hat. Das Tropenparadies gelangte einst zur Berühmtheit, als hier 1876 die ersten aus

Brasilien geschmuggelten Kautschukbäume gepflanzt wurden und einen Boom auslösten. Die Landschaft wird nun hügeliger, tropischer, üppiger: Reisfelder gehen in Reisterrassen über, Reste von Dschungel auf beiden Seiten der Gleise. Der **Pass von Ihalakotte**, etwa auf der Hälfte der 121 km langen Strecke von der Hauptstadt in die ehemalige Königsstadt, verlangt den beiden Dieselloks, die den Express mit seinen betagten, rostbraun gestrichenen Waggons ziehen, einiges ab. Aber die Passagiere können in aller Ruhe die traumhaft schöne Landschaft genießen. Zwei, drei Tunnel, dann wächst rechter Hand der 798 m hohe **Bible Rock** (Bibelfelsen) aus dem dicht bewaldeten Hügelland, eine Art Tafelberg, der wie ein aufgeschlagenes, dickes Buch aussieht und bei den Singhalesen *Batalegala* heißt. Ein kurzes Stück führt das Gleis jetzt hart neben einem Abgrund entlang. Schon bald rollt der Zug in den Bahnhof **Peradeniya Junction** ein. Von diesem Knotenpunkt sind es nur wenige Kilometer nach **Kandy → S. 63**, zum bekannten **Botanischen Garten → S. 69** nur ein paar hundert Meter. Doch die Fahrt geht weiter: über **Gampola**, **Hatton**, **Nanu Oya** (dies ist der Bahnhof von Nuwara Eliya, der aber 10 km außerhalb der Stadt liegt), **Bandarawela** und **Ella** bis nach **Badulla**. Diese Strecke gilt unter Eisenbahnliebhabern als eine der schönsten Asiens, wenn nicht gar weltweit. Wer hier mit offenen Sinnen unterwegs ist, wird viele interessante Kleinigkeiten neben großartigen Landschaften entdecken (z. B. in **Gampola**, wo ein Wasserstandsanzeiger verdeutlicht, wie hoch die Fluten des Mahaweliflusses manchmal steigen können). In **Hatton** geht der Blick schier endlos über den hellgrünen Teeteppich, unterbrochen nur durch gelb blühende Akazien, die als Schattenspender zwischen die Teesträucher gepflanzt werden. Wer in dieser 1271 m hoch gelegenen Stadt aussteigt, kann die landschaftlich ebenfalls höchst pittoreske Straße über **Dickoya** und den **Castlereagh-Stausee** bis nach **Dalhousie** am Fuß des Pilgerbergs Adam's Peak weiterfahren. Der Zug fährt weiter, und schon bald verfinstert sich die Kulisse, denn der Zug müht sich durch den Poolbank-Tunnel,

Rothschild, den alten kolonialen Namen. Doch auch das Gehalt der Frauen mutet wie aus fernen Zeiten an: Noch immer stehen sie am Ende der Einkommensleiter.
In **Nanu Oya** hält der Zug etwas länger; hier warten Busse, Taxis, Three-Wheelers und Mietwagen auf die Besucher, die **Nuwara Eliya → S. 69**, die alte Som

Bunte Sari zwischen endlosen Feldern: Teepflückerin auf Teeplantagen

mit 562 m der längste Sri Lankas. Legen Sie Ihre Kamera nicht zur Seite, denn hinter ☼ **Kotagala**, das nur 8 km nördlich von Hatton liegt, eröffnen sich schöne Blicke auf die Wasserfälle St. Clair's und Devon, die umgeben von Teeplantagen in die Tiefe stürzen. Mit Glück sehen Sie dort auch tamilische Pflückerinnen inmitten der sich endlos dahinziehenden Büsche. Sie gehören in diesem Gebiet teilweise zum geschichtsträchtigen Stonycliff Estate. Es trägt wie viele andere Plantagen auch, etwa Mackwoods und

merfrische der Engländer, zum Ziel haben. Beachten Sie das schöne Ortschild im rustikalen Bahnhof mit den schön geschwungenen singhalesischen und tamilischen Schriften. Riesenfarne, Rhododendronwälder und Bananenplantagen wechseln sich anschließend nach Osten hin im Landschaftsbild ab. Nicht weit entfernt erstreckt sich die eigentümliche Landschaft der **Horton Plains → S. 72**, das seit 2010 zum Unesco-Welterbe zählt. Zwischen **Pattipola** und **Ohiya** erklimmt der Zug den mit 1897 m höchsten

Punkt der Strecke. Immer aufregender wird das Naturschauspiel vor den Abteilfenstern – tiefe Schluchten, dann wieder Dörfer, in denen die Bahn quasi quer durch den lokalen Gemüsemarkt schnauft. Das geschäftige Handelstädtchen **Bandarawela → S. 62**, das bei Rucksackreisenden wegen seiner tollen Hanglage beliebte **Ella → S. 60** und dann der Endspurt über gewaltige Brücken, von denen eine mit neun Bögen als Brücke der neun Herzen bezeichnet wird; schließlich folgt eine gewaltige Kurve, die einzige Achterbahnschleife der srilankischen Eisenbahn. Dieser *Demodara Loop* bietet beste Gelegenheit, den hinteren Zugteil aus dem Abteilfenster heraus zu fotografieren. Beim Bau der Schleife soll ein einfacher Bauer den grübelnden Ingenieuren der Firma Graig & Cockshott die zündende Idee geliefert haben. Er schlug vor, die Trasse doch so wie seinen gebundenen Turban rund um den Berg zu winden. In Tee-Zentrum **Badulla → S. 62**, auf nur noch 680 m Höhe im Herzen der Uva-Provinz gelegen, endet am späten Nachmittag die Reise. Bahnhof und Städtchen lassen die Herzen aller Nostalgiereisenden höher schlagen: Schmiedeeiserne Girlanden und Bänke sowie ein grünes Wärterhäuschen bilden ein Ensemble wie aus *merry old England* importiert. Hier können Sie entspannt über die Geschichte des Baus dieser 290 km *Main Line* nachsinnen. Nachdem im Dezember 1864 der damalige Gouverneur Sir Henry Ward das erste Teilstück von Colombo ins 54 km entfernte Ambepussa feierlich eröffnete, konnte bereits drei Jahre später die erste Dampflok nach Kandy fahren. 1885 war Nanu Oya ans Bahnnetz angeschlossen und 1894 Bandarawela. Doch in Badulla fuhren erst 1924 die ersten Züge ein. Der Erste Weltkrieg und die folgende Weltwirtschaftskrise hatten den Weiterbau immer wieder verzögert, doch auch der Bau der Trasse war kein Kinderspiel. Schließlich mussten 46 Tunnel durch die vielen Berge gebohrt werden. „Die anstrengende und kostspielige Arbeit wie etwa das Bohren durch das harte Gestein und die vielen Felsblöcke am Fuß der Berge sowie die hohen Dämme entlang der Täler und Schluchten sind einfach unvermeidlich", rechtfertigte der Ingenieur M. T. Doyne schon 1875 die explodierenden Kosten. Am Ende hatten die Teeplantagenbesitzer jedoch genügend Grund zu jubeln, denn nun konnten sie die Ballen bequem und relativ kostengünstig in Güterwaggons zum Hafen von Colombo transportieren. Diese Zugreise lässt sich ebenso schön in umgekehrter Richtung machen. Für Urlauber mit knapp bemessener Zeit mag wichtig sein, dass zwischen Bandarawela und Nanu Oya (etwa drei Stunden Fahrtzeit) das schönste Teilstück liegt. Wer einen Wagen mit Fahrer gemietet hat, schickt das Auto mit dem Gepäck voraus und lässt sich am Zielort abholen – ein idealer Baustein während einer individuellen Inselrundreise, viele Eindrücke für wenig Geld.

Die *Podike Menike* startet täglich in Colombo-Fort um 5.55 Uhr, die *Udarata Menike* um 9.45 Uhr. Abfahrt in Badulla ist um 5.45 Uhr und 8.50 Uhr. Ein Ticket der 1. Klasse kostet im *Observation Saloon* entfernungsunabhängig 750 Rps. und sollte unbedingt vorab reserviert werden. Die Sitze Nr. 21, 22, 43 und 44 befinden sich direkt am Fenster. Für die komfortablen Waggons von Rajadhani *(www.blueline.lk)* und Expo Rail *(www.exporail.lk)* sind bis zu 2250 Rps. (inkl. Mahlzeiten) zu bezahlen. Nicht reserviert werden können Fahrten in der wenig bequemen, dafür unterhaltsamen 2. und 3. Klasse. Immerhin sind die Tickets mit weniger als 2 Euro spottbillig.

SPORT & AKTIVITÄTEN

Für die meisten Urlauber ist die Insel zwar kein typisches Ziel für sportliche Aktivitäten, aber Sportbegeisterte können auf überraschend vielfältige Weise aktiv werden.

BALLONFAHRTEN

Beim Anblick der Stauseen, Reisfelder und vor allem der Bergfeste von Sigiriya darf man im Kulturdreieck durchaus auch mal abheben. Eine Fahrt mit dem Heißluftballon beschert unvergessliche Eindrücke. Diese Veranstalter helfen dabei: *Adventure Asia (Tel. 011 5 86 84 68 | www.ad-asia.com)*, *Air Magic (Tel. 011 7 26 24 42 | www.airmagic.lk)*, *Sun Rise in Lanka Ballooning (Tel. 011 2 89 84 70 | www.srilankaballooning.com)*.

GOLF

Die Briten brachten nicht nur ihre Leidenschaft fürs Kricket nach Sri Lanka, sondern auch jene für Golf. Mit nur drei Plätzen ist die Zahl zwar überschaubar, dafür verlocken Lage und Atmosphäre dazu, mal einen Nachmittag lang den Schläger zu schwingen. Der 1879 gegründete *Royal Colombo Golf Club (223 Model Farm Road | Tel 011 2 69 54 31 | www.rcgcsl.com)* gilt als der feinste Club und erstreckt sich sehr schön im Osten der Hauptstadt. Schon allein der Landschaft wegen empfiehlt sich ein Abstecher zum 30 Fahrminuten östlich von Kandy gelegenen *Victoria Golf & Country Resort (Tel. 081 2 37 63 76 | www.golfsrilanka.com)* in Ratewella.

Bild: Surfer bei Marissa

Golf und Kricket, Ballonfahrten und Segeln, Trekking und Vogelbeobachtungen – Aktivurlauber sind herzlich willkommen

Umgeben von Bergen schmiegt sich der 18-Loch-Platz an den namensgebenden Victoria-Stausee und bietet zudem noch komfortable Übernachtungsmöglichkeiten. Nahezu schottische Verhältnisse erwarten den Besucher beim 1889 gegründeten *Nuwara Eliya Golf Club (Tel. 052 2 22 28 35)* im Herzen der Stadt im Hochland. Wunderschön zwischen den Hotels Jetwing St. Andrew's, Hill Club und Grand gelegen kommen Sie auf fast 2000 m Höhe selten ins Schwitzen.

KRICKET

Auf allen Dorfplätzen der Insel können Sie beobachten, mit welchem Vergnügen Jungen und Mädchen das Baseball-ähnliche Spiel mit Ball und Schlägern spielen. Wenn aber in einem der großen Stadien in den Städten Colombo, Galle und Kandy Länderspiele oder gar Asien- und Weltmeisterschaften ausgetragen werden – stets über mehrere Tage –, dann lohnt der Besuch schon wegen der unglaublich fröhlichen Atmosphäre. Jeder Kellner und jeder Rezeptionist weiß über die Termine Bescheid. Beim *Singhalese Sports Club (Tel. 011 2 69 53 62)* am Maitland Place in Colombo können Sie sich über Regeln, Mitspielmöglichkeiten und Highlights im Kricketjahr informieren.

MOUNTAINBIKING

Das Hügelland um Kandy und das Bergland um Nuwara Eliya bieten (auch kli-

2 82 45 00 | www.lsr-srilanka.com), eine belgische Firma mit Sitz in Colombo.

NATUR- & ÖKOTOURISMUS

Immer mehr Veranstalter bieten immer ausgefallenere Programme in der Wildnis an. Neben kleinen Spezialisten hat sich auch der Öko-Ableger der großen Hotelgesellschaft Jetwing einen Namen auf diesem Sektor gemacht, etwa mit Campingtrekking in Buttala (zwischen

Schöne Tauchreviere locken im Süden und im Osten der Insel

matisch) gute Bedingungen für Mountainbiker. Allerdings verleiht kaum ein Hotel spezielle Fahrräder. Wer sein Sportgerät nicht im Flugzeug mitbringen will, kann sich Spezialveranstaltern und deren Programmen anschließen. Sie radeln dann in kleinen Gruppen. Bewährte Anbieter sind z. B. das *Eco Team (www.srilankaecotourism.com)* und **INSIDER TIPP** *Lanka Sportreizen (Tel. 011*

Yala-Park und dem Bergland bei Ella). Informationen bei *Jetwing Eco (Tel. 011 2 38 12 01 | www.jetwingeco.com)* in Colombo. Weitere renommierte Spezialisten sind *Wild Holidays Travel (www.wild holidaystravel.com)* und *Reddot (www.reddottours.com)*, ein britischer Naturreiseveranstalter, der auf Sri Lanka u. a. Kanu- und Wildwasserfahrten (Rafting) anbietet. Vielfältig sind auch die Programme des *Eco Teams (www. srilankaecotourism.com)*, z. B. für Mountainbiker, Vogelliebhaber und Wanderfreunde.

SEGELN

Segeln ist wegen der an vielen Stellen mit gefährlichen Strömungen und Riffen nicht weit verbreitet. Vor einigen Küstenorten wird es vom Strand weg sporadisch von jungen Leuten und Fischern angeboten. Erfahrene Segler erhalten weitere Informationen beim *Colombo Rowing Club (Tel. 011 2 43 37 58)* oder beim *Otter Aquatic Club (Tel. 011 2 69 23 08)* in Colombo.

SURFEN

Die Cracks bringen ihre Bretter besser von zu Hause mit. Nach Meinung vieler Surfer lässt die Qualität der Mietbretter oft zu wünschen übrig. Im Sommer treffen sich regelmäßig Surfer aus aller Welt am *Surfer's Point* an der **INSIDER TIPP** *Arugam Bay*, südliche Ostküste: Hier gibt es die schärfsten Wellen, eine ruhige Umgebung und beste Wetterbedingungen von April bis November.

TAUCHEN

So aufregend wie die Maledivenatolle mögen die Unterwasserlandschaften rund um Sri Lanka nicht sein. Aber dafür bieten sie Ungewöhnliches: faszinierende Schluchten und Felsen, eine äußerst artenreiche Fischwelt und einige berühmte Schiffswracks. Tauchen kann man das ganze Jahr über: im Winterhalbjahr vor der Südwestküste und im Süden, während der Sommermonate vor der Ostküste, besonders bei Trincomalee. Eine gute Auswahl an Tauchbasen und geeigneten Tauchspots gibt es unter *www.divesrilanka.com*.

TREKKING & WANDERN

Wesentlich leichter als in den klassischen Trekkingländern Asiens lassen sich selbst anspruchsvolle Wandertouren im Bergland von Sri Lanka auch auf eigene Faust organisieren. Die schönsten Wanderreviere, etwa *Horton Plains,* die Hochebene südlich von Nuwara Eliya, oder das Gebiet um die *Hunas Falls* nördlich von Kandy, aber auch die *Knuckles,* eine abenteuerliche Felsenlandschaft südlich von Kandy, sind alle nicht so groß und so schwierig, als dass sie nicht für geübte Wanderer ohne Veranstalter und begleitende Guides zu bewältigen wären.

Wer gern in (internationalen) Gruppen läuft, findet z. B. bei *Adventure Lanka Tours (Tel. 011 2 36 18 41 | www.adventurelanka.co.uk)* in Colombo oder beim *Eco Team (www. srilankaecotourism.com)* interessante Angebote, sogar für Höhlen- und Regenwaldwanderungen.

VOGELBEOBACHTUNG

Sittiche in den Baumwipfeln, Pfauen auf Dächern und Rosaflamingos in der Lagune – mit 236 heimischen und 203 Zugvogelarten avancieren Touristen hier schnell zu Hobby-Ornithologen. Beste Beobachtungszeit sind die Monate November bis April, wenn die Zugvögel im Land sind. Die meisten der 33 endemischen (einheimischen) Arten tummeln sich in der sogenannten niederen Feuchtzone im südlichen Inselteil, vor allem im *Sinharaja Forest Reserve*. Allen voran die Stauseen und Lagunen präsentieren sich als bevorzugte Tummelplätze für Vögel, sei es in den Nationalparks *Uda Walawe, Kumana* oder in *Yala West*. *Bundula* an der Südküste wiederum ist wegen seiner Vielzahl an Meeresvögeln interessant.

MIT KINDERN UNTERWEGS

Die Einheimischen aller Religionen und Stände vergöttern ihre Kinder, und zwar – anders als in Indien – Mädchen und Jungen gleichermaßen. Entsprechend freundlich und aufmerksam begegnen sie den Kindern ihrer Gäste. Sri Lanka ist nicht unbedingt ein typisches Familienreiseziel, und ob Kleinkinder sich im tropischen Klima wohlfühlen, müssen Eltern (und im Zweifel Kinderärzte) entscheiden. Auch der Zeitunterschied und der lange Flug machen dem Nachwuchs zu schaffen. Etwas größere Kinder aber werden in der exotischen Umgebung viel Spaß haben, ob mit den *toddy tapper*, die überall an der Südwestküste auf Seilen von Palme zu Palme balancieren, um den Kokos-Blütensaft abzuzapfen, mit den frechen Affen an manchen Tempeln (z. B. in Dambulla) oder im fremdartigen Straßenleben in den Basaren.

DIE WESTKÜSTE

EXCEL WORLD ENTERTAINMENT PARK
(140 A1) (*ØD B14*)
Der Park ist eine Art ceylonesisches Disneyland im Kleinstformat. Für die Einheimischen ist es der schönste Vergnügungspark überhaupt. Alle Altersstufen amüsieren sich, z. B. beim computerorganisierten Bowling, auf der Rollschuhbahn, in Autoscootern oder beim Poolbillard. Die Kinder werden mehr Spaß auf der Gokartbahn haben oder auf den Spielplätzen mit Karussells und anderen traditionellen Belustigungen. *Tgl. 10–18 Uhr | Eintritt frei, jedes Angebot kostet Gebühr bis zu etwa 1 Euro | 338 T. B. Jaya Mawatha (Darley Road) nahe des Rathauses | Colombo*

DER SÜDEN

KANUTOUR BEI GALLE
(140 C6) (*ØD D18*)
Ihre Kinder haben keine Lust auf einen Spaziergang durch das Fort von Galle? Dann rauf auf den Fluss Gin Ganga zu einer Paddel-Tour durch das Hinterland. Vor allem frühmorgens oder am späten Nachmittag bietet der mangrovenreiche Fluss den Paddlern jede Menge Wildlife. *Idle Tours | 3000 Rps. pro Person | 58 Church Street | Tel. 077 790 6156 und 077 8 03 47 03 | www.idletours.com*

TURTLE CONSERVATION RESEARCH CENTER ☺ (140 B4) (*ØD C16*)
Im warmen Sand entlang der Küste legen fünf der sieben weltweit verbreiteten Arten von Meeresschildkröten ihre Eier ab.

Das finden kleine Urlauber ganz großartig – Schildkröten beobachten, auf Elefanten reiten und durch Mangroven paddeln

Da diese unter Einheimischen als Delikatesse gelten, haben sich zu ihrem Schutz vor allem bei Kosgoda etliche Brutstationen für Schildkröten, sogenannte *Turtle Hatcheries* etabliert – manche auch eher aus kommerziellen Gründen, weshalb diese Art des Tierschutzes nicht unumstritten ist. Sri Lankas ältestes ist das 1981 gegründete *Turtle Conservation Research Center* unter Leitung des engagierten Herrn Chandrasiri Abrew. Hier können die Besucher viel über seine Bemühungen um diese urtümlichen Meerestiere erfahren. Kinder werden sich besonders für die frisch geschlüpften Tierchen in den Wasserbecken interessieren. *Tgl. 9–18 Uhr | Eintritt 200 Rps. | 409 A Main Street | Kosgoda*

DAS BERGLAND

ELEPHANT TRANSIT HOME
(141 F3) (*M G16*)
Anstelle des überteuerten Pinnawala Elephant Orphanage können Sie mit Ihrem Nachwuchs das Elephant Transit Home in der Nähe des Uda Walawe National Parks besuchen, das ebenfalls verwaiste Dickhäuter aufpäppelt, um sie im Alter von etwa vier Jahren auszuwildern. Ein Besuch bei den durchschnittlich 30 bis 40 Jumbos ist allerdings nur zu den etwa zwanzigminütigen Fütterungszeiten um 9, 12 und 15 Uhr möglich. Da das tierische Waisenhaus nur wenige Kilometer vom Nationalpark entfernt liegt, kann man beides problemlos miteinander verbinden. *Eintritt 500 Rps.*

MILLENNIUM ELEPHANT FOUNDATION (137 D5) (*M E12*)
Das wenige Kilometer vom Elefantenwaisenhaus in Pinnawala entfernte Camp bietet Rundritte auf den Dickhäutern an. Sehenswert ist auch das Museum. *Tgl. 8.30–17 Uhr | Eintritt ohne Elefantenritt 1000 Rps., mit Elefantenritt ab 2000 Rps. für 15 Min. | Randeniya, Hiriwadunna, Kegalle | www.millenniumelephantfounda tion.com*

EVENTS, FESTE & MEHR

Mehr als ohnehin schon in Asien üblich, sind nahezu alle großen Feste in Sri Lanka religiösen Ursprungs. „Weltliche" Veranstaltungen mit Volksfestcharakter kann sind nur bei großen sportlichen Events zu erwarten – und zwar ausschließlich beim Kricket, dem Nationalsport schlechthin. Traditionsreiche und besonders spannende Ländermatches ergeben sich aus der internationalen Krickettabelle. Die Spiele finden meistens zwischen November und März statt, also in der besten Reisezeit. Es macht Spaß, dann in eines der Stadien zu gehen, auch wenn man die Regeln kaum versteht.

Jeder Vollmondtag *(poya)* ist ein Feiertag, das öffentliche Leben ruht dann, und Alkoholausschank ist überall verboten). Einige Poya-Tage werden als mehrtägige Umzüge und Volksfeste mit bis zu 1 Mio. Teilnehmern (in Kandy) begangen.

FEIERTAGE

1. Januar Neujahr; **4. Februar** Unabhängigkeitstag; **13./14. April** singhalesisches und tamilisches Neujahrsfest; **1. Mai** Tag der Arbeit; **22. Mai** Tag der Republik; **25. Dezember** Weihnachten; **31. Dezember** Silvester, *Bank Holiday*

FESTE & VERANSTALTUNGEN

JANUAR

Vollmond: ▶ INSIDER TIPP *Duruthu-Perahera* in Kelaniya (am nördlichen Stadtrand von Colombo). Dieser nächtliche Umzug mit vielen geschmückten Elefanten, mit Tanzgruppen und religiösen Würdenträgern erinnert an den angeblichen Besuch Buddhas auf der Insel Lanka – eine Legende, die 2500 Jahre alt ist.

FEBRUAR/MÄRZ

▶ INSIDER TIPP *Thai-Pongal:* Das Hindufest am Vollmondtag zu Ehren des Sonnengotts wird besonders in den Tamilenregionen des Nordens, des Ostens und im Bergland gefeiert.

▶ *Maha Shivarati:* In der Neumondnacht Ende Februar/Anfang März feiern die Hindus die symbolische Vereinigung Shivas mit seiner Gemahlin Parvati. Besonders eindrucksvoll im Tempel Muthumariman in Matale bei Kandy.

Vollmond: ▶ INSIDER TIPP *Navam Maha-Perahera* in Colombo. Bis zu 50 herausgeputzte Elefanten und einige Tausend Tänzer, Mönche und Gaukler ziehen um den Beirasee im Zentrum der Hauptstadt.

Umzüge mit geschmückten Elefanten, farbenprächtige Prozessionen und Kricketspiele – lassen Sie sich beeindrucken

MÄRZ/APRIL

▶ *Kar- und Ostertage:* Am schönsten begehen Sri Lankas Christen den Karfreitag und die Osterfeiertage in Negombo mit farbenprächtigen Prozessionen und Passionsspielen.

MAI

Vollmond: ▶ *Wesak*. Zwei Tage bzw. Nächte lang werden Buddhas Geburt, Erleuchtung und Tod gefeiert.

JUNI

Vollmond: ▶ ⭐ *Poson.* Dieses Fest erinnert an die Ankunft Mahindas (um 250 v. Chr.) und mit ihm des Buddhismus auf der Insel. Es wird am eindrucksvollsten in Mihintale gefeiert.

JULI

Vollmond: Das ▶ ⭐ *Esala-Perahera* in Kandy ist eines der größten religiösen Feste der Welt. An zehn Tagen bzw. Nächten ziehen illuminierte Elefanten vom Zahntempel *(Dalada Maligawa)*

durch die Stadt. Wann der Höhepunkt stattfindet, bestimmen die Astrologen.

▶ *Id-Ul-Fitr (Ramadan Festival):* In der ältesten Moschee Sri Lankas, der Kachchimalai-Moschee in Beruwala, wird das variable muslimische Fest des Fastenbrechens von besonders vielen Menschen gefeiert.

▶ ⭐ *Kataragama-Fest*: Zum Julivollmond strömen jedes Jahr Zigtausende in den kleinen Ort Kataragama nördlich von Hambantota, um dem Hindukriegsgott Skanda zu huldigen.

OKTOBER/NOVEMBER

▶ *Deepavali* : Das populärste Fest der Hindus findet landesweit mehrere Tage lang um den Neumond Ende Oktober/Anfang November statt. Es erinnert u. a. an die Rückkehr des Gottes Rama in seine Geburtsstadt Ayodhya nach seinem Sieg gegen den Dämonenkönig Ravana. Gläubige entzünden Öllampen in den Tempeln, daher der Name: *Deepavali* heißt Lichterreihe.

ICH WAR SCHON DA!

Vier User aus der MARCO POLO Community verraten ihre Lieblingsplätze und ihre schönsten Erlebnisse.

LITTLE ADAM'S PEAK

Der Aufstieg zum Little Adam's Peak lohnt sich. Zunächst kamen wir an einigen Wellblechhütten vorbei. Kinder tollten um uns herum, hofften auf Süßigkeiten und ernteten doch nur Buntstifte. Danach führte uns der Weg durch Teeplantagen. Nachdem wir einen Abzweig zur Newburgh Tea Factory passiert hatten, wurde der Pfad steiler. Bald erreichten wir den Gipfel. Während über uns zwei Adler kreisten, bot sich uns eine herrliche Sicht über die Schlucht von Ella. **Flo aus Gummersbach**

BUDURUWAGALA

Schon die Fahrt nach Buduruwagala ist ein Erlebnis: Der Weg führt von der A2 nahe Hambatota an einer Seenlandschaft vorbei. Kormorane und Pelikane versammeln sich am Ufer, auch Elefanten kommen ab und zu in diese Gegend. Unser Ziel waren die Felsenbuddhas. Sie sind bis zu 17 m hoch und wurden erst in den 1920er-Jahren von Europäern entdeckt. **Isabell aus dem Hunsrück**

WEHERAHENA-TEMPEL

Im Süden Sri Lankas, bei Matara, befindet sich der *Weherahena-Tempel*. Außen beeindruckt er mit einer 39 m hohen Buddhastatue. Der wahre Schatz verbirgt sich jedoch innen: Rund 20 000 Gemälden bilden das Leben Buddhas ab. Auch ohne Hilfe der Mönche erkennen wir ganze Geschichten in den Bilderreihen. **Chrissie aus Detmold**

KOGGALA-SEE

Am Südufer des Koggala-Sees warten Ruderboote, mit denen man über das dunkle Wasser zu Gewürzgärten und Tempeln durch viel Natur und eine schöne Landschaft fährt. **Lars aus Annaberg-Buchholz**

Haben auch Sie etwas Besonderes erlebt oder einen Lieblingsplatz gefunden, den nicht jeder kennt? Gehen Sie einfach auf www.marcopolo.de/mein-tipp

LINKS, BLOGS, APPS & MORE

LINKS

▶ www.marcopolo.de/srilanka Alles auf einen Blick zu Ihrem Reiseziel: Interaktive Karten inklusive Planungsfunktion, Impressionen aus der Community, aktuelle News und Angebote ...

▶ www.seat61.com/SriLanka Hier präsentiert ein Eisenbahnenthusiast aktuelle Fahrpläne, Bilder und Tipps rund ums Zugfahren in Sri Lanka. Alle Infos auf Englisch

▶ www.srilankaelephant.com Ein engagierter Elefantenfan schreibt und sammelt auf seiner englischsprachigen Website alles zum Thema Dickhäuter in Sri Lanka. Keine andere Website informiert so umfassend über die Situation der gefährdeten Tiere

▶ www.aboutcolombo.lk In der schnelllebigen Metropole passiert vieles. Auf dieser Webseite finden Sie das Wichtigste auf einen Blick

BLOGS & FOREN

▶ www.sri-lanka-board.de Das führende Forum unter deutschsprachigen Sri-Lanka-Reisenden lässt kaum eine Frage unbeantwortet. Hier trifft man online auf wahre Landeskenner

▶ short.travel/sri4 Im Forum (für Indien, Sri Lanka und Nepal) von www.stefanloose.de finden Sie viele nützliche Tipps und Hinweise für Ihre Sri-Lanka-Reise

▶ www.srilankaforum.homesites.de Ein weiteres populäres Reiseforum von Inselenthusiasten mit vielen Anregungen

▶ srilankabirds.blogspot.de Blogs und Infos zum Thema Wildlife und Vogelbeobachtung

▶ www.thesrilankatravelblog.com Hier sammelt der Reiseveranstalter Reddot-Tours Blogeinträge verschiedener Autoren über aktuelle touristische Entwicklungen und Entdeckungen

Egal, ob Sie sich auf Ihre Reise vorbereiten oder vor Ort sind: Mit diesen Adressen finden Sie noch mehr Informationen, Videos und Netzwerke, die Ihren Urlaub bereichern. Da manche Adressen extrem lang sind, führt Sie der kürzere short.travel-Code direkt auf die beschriebenen Websites

VIDEOS

▶ short.travel/sri1 Das Kurzvideo präsentiert (auf Englisch) das Kulturdreieck und lässt den Primatenspezialisten Sunil Gunathilake zu Wort kommen

▶ short.travel/sri2 Tauchen Sie mit diesem Video ein in die prachtvollen *Esala Perahera*, dem großen religiösen Umzug in Kandy, der allabendlich in den beiden Wochen vor dem Vollmond im Juli/August stattfindet

▶ short.travel/sri3 Ausführliches Portrait (auf Englisch) über Sri Lanka mit schönen Bildern einer Walbeobachtungstour

APPS

▶ Lanka Traveller Eine anwenderfreundliche Reiseführer-App für das iPhone in englischer Sprache mit vielen Bildern und Beschreibungen inklusive GPS-Lokalisierung der jeweiligen Destinationen und Sehenswürdigkeiten

▶ Sinhala Dictionary Offline Sachith Dassanayake, Eigentümer der Website www.sachith.co.uk, entwickelte diese praktische App für Android-Smartphones in englischer Sprache. Wie der Name schon sagt, ist die Anwendung auch offline abrufbar

▶ Sri Lancan Recipes Lust auf srilankische Küche? Dann ist diese englischsprachige App für iOS und Android genau das Richtige für Sie

NETWORK

▶ www.facebook.com/aragum Dies ist der ultimative virtuelle Treffpunkt von Wellenreitern, Partygehern und Fans der Arugam Bay (auf Englisch)

▶ www.facebook.com/OldeCeylon Wie sah es auf der Insel früher aus? Hier teilen Geschichtsfans alte Fotos, historische Landkarten und Grafiken aus der Vergangenheit

▶ www.lakdasun.org Srilankische Outdoor-Enthusiasten tauschen hier Berichte, Videos, Fotos und Infos ihrer Aktivitäten aus. Viele praktische Tipps für Trekkingtouren (auf Englisch)

▶ twitter.com/OfficialSLC Kricket ist Nationalsport auf auf Sri Lanka: Mit den Twitternachrichten von The Official Home of Sri Lanka Cricket bleiben Sie über alles auf dem Laufenden

PRAKTISCHE HINWEISE

ANREISE

Die nationale Fluggesellschaft Sri-Lankan Airlines *(www.srilankan.aero)* fliegt viermal wöchentlich von Frankfurt nonstop nach Colombo. Zudem steht Sri Lanka u. a. auch bei mehreren Nahostgesellschaften auf dem Flugplan, allen voran Emirates, Etihad und Qatar (mit Zwischenlandung am Golf). Sie starten auch von anderen deutschen Städten aus. Die Flugzeit beträgt mindestens zehn Stunden. Der Flughafen Katunayake liegt 35 km nördlich von Colombo, Busse und Taxen brauchen mindestens eine Stunde bis ins Zentrum. Wer nicht abgeholt wird, mietet sich ein Taxi: Buchung an einem Schalter vor dem Ein- bzw. Ausgang, feste Preise mit Ticket.

GRÜN & FAIR REISEN

Auf Reisen können auch Sie mit einfachen Mitteln viel bewirken. Behalten Sie nicht nur die CO_2-Bilanz für Hin- und Rückflug im Hinterkopf *(www.atmosfair.de)*, sondern achten und schützen Sie auch nachhaltig Natur und Kultur im Reiseland *(www. gate-tourismus.de; www.zukunft-reisen.de; www.ecotrans.de)*. Gerade als Tourist ist es wichtig, auf Aspekte zu achten wie Naturschutz *(www. nabu.de; www.wwf.de)*, regionale Produkte, Fahrradfahren (statt Autofahren), Wassersparen und vieles mehr. Wenn Sie mehr über ökologischen Tourismus erfahren wollen: europaweit *www.oete.de*; weltweit *www.germanwatch.org*

AUSKUNFT

Es gibt kein srilankisches Fremdenverkehrsbüro in den deutschsprachigen Ländern. Reise- und Sicherheitshinweise bieten die Internetseiten der Auswärtigen Ämter: *www.auswaertiges-amt.de, www.bmaa.gv.at, www.eda.admin.ch*

BANKEN & GELD

Öffnungszeiten der Banken im Allgemeinen Montag bis Freitag 9 bis 13 Uhr. Vielerorts gibt es Geldautomaten (ATM) mit Maestro- und Cirrus-Symbol. Dort können Sie mit EC-Karte Geld gegen Gebühr abheben. Viele Hotels und vor allem größere Restaurants akzeptieren Kredikarten. Der Euro ist auf Sri Lanka mittlerweile so weit verbreitet wie der Dollar.

BUS & BAHN

Das öffentliche Verkehrsnetz ist hervorragend ausgebaut und extrem günstig – dafür äußerst komfortarm. Wartung und Neukauf scheinen Fremdworte zu sein. Mit den staatlichen, meist rostroten CTB- bzw. SLTB-Bussen kommen Sie fast überall hin. Private Busunternehmen setzen auf den wichtigsten Routen, etwa Colombo–Kandy oder Colombo–Jaffna, klimatisierte Busse ein. Selbst Langstrecken kosten kaum mehr als 7 Euro. Auch die Eisenbahn ist gut ausgebaut und billig. Von Colombo aus fahren Züge gen Norden über Anuradhapura nach Vavuniya, nach Trincomalee und Batticaloa an der Ostküste, ins Hochland nach Kandy und nach Badulla und die Küste lang über Galle nach Matara. Auch hier kostet kaum eine Fahrkarte über 10 Euro.

Von Anreise bis Zoll

Urlaub von Anfang bis Ende: die wichtigsten Adressen und Informationen für Ihre Reise nach Sri Lanka

DIPLOMATISCHE VERTRETUNGEN

DEUTSCHE BOTSCHAFT
40 Alfred House Avenue | Colombo | Tel. 011 2 58 04 31 | www.colombo.diplo.de

ÖSTERREICHISCHES HONORAR-KONSULAT
424 Union Place, Carmart Building | Colombo | Tel. 011 2 69 16 13

SCHWEIZERISCHE BOTSCHAFT
63 Gregory's Road | Colombo | Tel. 011 2 69 51 17 | www.eda.admin.ch/colombo

EINREISE

Für die Einreise benötigen Sie einen über das Reiseende hinaus noch sechs Monate gültigen Reisepass, Kinder bis zur Vollendung des zwölften Lebensjahres einen Kinderreisepass. Unter *www.eta.gov.lk* müssen Sie vorab online eine *Electronic Travel Authorisation (ETA)* beantragen. Sie kostet 20 US-Dollar und berechtigt zum Aufenthalt von 30 Tagen. Transitreisende und Kinder unter zwölf Jahren sind von den Gebühren befreit. Gegen Aufpreis wird die ETA auch bei der Einreise am Flughafen ausgestellt. Bei einem längeren Aufenthalt können Sie über die srilankische Botschaft ein drei Monate gültiges Visum für 35 Euro beantragen. Kontakt und Infos unter *www.srilanka-botschaft.de*, *www.srilankaembassy.at* und *www.lankamission.org*.

FOTOGRAFIEREN

Generell lassen sich die Einheimischen problemlos fotografieren, trotzdem sollten Sie bei Nahaufnahmen stets ihre Zustimmung einholen. Zurückhaltung ist bei religiösen Zeremonien geboten. Niemals sollten sich Personen neben Buddhabildnissen in Pose setzen. Das ist strafbar! Ebenfalls ist es untersagt, militärische Einrichtungen und uniformierte Personen abzulichten. Genügend Memory-Sticks und Speicherkarten sollten Sie von zu Hause mitbringen, ansonsten erhalten Sie sie in einschlägigen Geschäften. Ladegerät und Adapter nicht vergessen!

FRAUEN

Alleinreisende Frauen sind leider immer wieder Opfer von sexuellen Belästigungen durch einheimische Männer. Meiden Sie daher freizügige Kleidung ebenso wie nächtliche Spaziergänge an einsamen Stränden oder Straßen. Gruppen angetrunkener Männer gehen Sie besser aus dem Weg, in vollen Bussen und Zügen gesellen sich am besten zu einheimischen Frauen. Beachten Sie bitte auch unsere Hinweise zu den sogenannten „Beach Boys" (s. Kapitel „Bloss nicht!")

GESUNDHEIT

Abgefülltes Mineralwasser ist überall erhältlich. Trinken Sie nur abgekochtes Wasser, keine Getränke mit Eiswürfeln, und essen Sie nur geschältes Obst. Vorsicht bei offenem Büffeljoghurt *(curd)* und Speiseeis! Vor der Reise empfehlen sich Auffrischungen der Tetanus-, Diphtherie- und Polioprophylaxe sowie eine Impfung gegen Hepatitis A sowie Typhus. Das Malariarisiko auf Sri Lanka ist eher gering, wenn Sie abends/nachts am ganzen Körper Kleidung tragen. Die meisten Ärzte und Apotheker in den größeren Orten sind gut ausgebildet und sprechen Englisch. Die beste Privatklinik in Colombo heißt *Apollo Hospital* und hat fast westlichen Standard *(578 Elvitigala Mawatha, im Viertel Narahenpita | Tel. 0114 53 00 00)*; ein renommierter Deutsch sprechender Arzt ist *Dr. A. M. Sebastiampillai (166/12 Kirulapone Avenue | Colombo | Tel. 011 2 51 41 04 (Klinik) und Tel. 0777 84 56 74 (Mobil, nur im Notfall!))*. Die Deutsche Botschaft in Colombo hält eine Liste mit Adressen von Fachärzten, Labors und Krankenhäusern bereit.

INLANDFLÜGE

Die von *Srilankan Airlines* betriebenen Lufttaxis können über *airtaxi@srilankan.aero* oder *Tel. 019 7 33 13 66* gechartert werden. *Heli Tours (395 Galle Road | Colombo | Tel. 011 3 14 49 44)* bietet regelmäßig Flüge von Colombos Inlandflughafen Ratmalana nach Jaffna und Trincomalee an. *Deccan Aviation Lanka (Tel. 0777 70 37 03 | www.simplifly.com)* arrangiert nach Wunsch Helikopterflüge.

WAS KOSTET WIE VIEL?

Tee	etwa 1 Euro *für 1 Tasse*
Mahlzeit	etwa 3 Euro *für ein Currygericht*
Bier	etwa 1,50 Euro *für eine große Flasche*
Busfahrt	etwa 0,30 Euro *für eine Stadtfahrt*
Hemd	etwa 5 Euro *für bessere Qualität*
Taxi	etwa 0,70 Euro *pro Kilometer*

INTERNET

Unter *www.sri-lanka-reiseinfo.de* bietet ein Inselenthusiast umfassende Informationen zum Land. Gute englischsprachige Quellen sind *www.lanka.net* und *www.infolanka.com*. Die staatliche Tourismusbehörde gibt auf *www.srilanka.travel* gute Tipps rund um den Inselurlaub sowie Hinweise auf aktuelle Veranstaltungen. Unter *www.srilankainstyle.com* und *www.reddottours.com* können geschmackvolle Edelunterkünfte und Reisen gebucht werden, unter *www.go-lanka.com* finden Sie ausgewählte Hotels. *Explore Sri Lanka*, das beste touristische Printmagazin der Insel, liefert auf *www.explore.lk* ebenfalls gute Reiseinformationen. Schließlich können Sie sich auf regional- und ortspezifischen Seiten kundig machen, darunter z. B. *www.arugambay.com*, *www.negombo.org*, *www.haputale.de* und *www.hikkaduwanet.com*.

INTERNETCAFÉS & WLAN

Mit dem Aufkommen der Smartphones sind die einst zahlreichen Internetcafés wieder auf dem Rückzug. Die Stundentarife bewegen sich meist unter 1 Euro. Dafür nimmt die Zahl der WLAN-Hotspots stetig zu. Kaum ein Hotel, Gästehaus oder Café verzichtet heute darauf, sehr häufig ist das Angebot kostenlos.

MIETWAGEN

Automieten mit Fahrer ist nicht nur stressfreier, sicherer und informativer, sondern auch billiger: Selbstfahrer müssen nämlich eine sehr teure Versicherung abschließen. Ein Mietwagen mit Fahrer kostet inklusive Benzin etwa 25 Cent pro Kilometer (Minimum 80 bis 100 km pro Tag). Der Fahrer bekommt zusätzlich etwa 2 bis 3 Euro pro Tag (Batta genannt), wovon er seine Verpflegung und Unterkunft bestreitet (die Fahrgäste brauchen sich darum nicht zu kümmern). Ausnahme: Wenn ein Hotel keine Fahrerzimmer hat, sollten Sie Ihrem Chauffeur eine einfache Unterkunft zahlen; die Weiterreise gestaltet sich umso angenehmer.

NOTRUF

Tel. 011 2 43 33 33; Feuerwehr/Ambulanz: 110; Polizei: 119. Bei Streit, etwa um Preise, die Touristenpolizei *(Tel. 011 2 42 14 51)* einschalten. Meist hilft schon die Drohung.

ÖFFNUNGSZEITEN

Die meisten Geschäfte sind montags bis freitags von 8.30 bis 19 Uhr, viele auch samstags bis 13 Uhr geöffnet. Die zahllosen kleinen Läden in den Basarvierteln und in touristischen Orten haben oft schon von frühmorgens um sieben bis etwa zehn Uhr abends und meist sieben Tage pro Woche geöffnet.

POST

Postämter gibt es auch in kleinen Orten *(Mo–Fr 8.30–16.30, Sa 8.30–13 Uhr)*. Luftpost braucht nach Westeuropa 7 bis 10 Tage. Postkarten kosten 25 Rps., Briefe bis zwanzig Gramm 75 Rps., am besten direkt im Postamt abgeben, Briefkästen sind eher unzuverlässig.

PREISE

Die Preise in Sri Lanka sind in den letzten Jahren aufgrund der verteuerten Lebenshaltungskosten kräftig gestiegen. Besonders zugelangt wird bei den Eintritten in die Nationalparks und archäologischen Stätten. Böse Überraschungen können Sie beim Blick auf die Rechnungen erleben. Da werden zum Nettopreis teilweise bis zu drei Steuern- und Gebührenposten addiert: Neben 10 Prozent Servicegebühr *(Service Charge = SC)* kommt vor allem bei teuren Hotels und Restaurants noch eine Mehrwertsteuer *(Value Added Tax = VAT)* von 12 Prozent *(Standard-Rate)* oder 20 Prozent *(Luxus-Rate)* hinzu, manchmal sogar noch eine „Wiederaufbau-Abgabe" *(National Building Tax = NBT)* von 3 Prozent. Aber alles in allem ist die Insel immer noch ein für unsere Verhältnisse preiswertes Reiseziel.

WÄHRUNGSRECHNER

€	Rps.	Rps.	€
1	165,56	100	0,60
3	496,69	150	0,90
5	827,82	250	1,50
7	1158,95	300	1,81
10	1655,64	500	3,01
15	2483,47	750	4,52
20	3311,29	1000	6,03
35	5794,75	2500	15,07
60	9933,86	4000	2,41

REISEZEIT

Schön ist es von Dezember bis März; die ideale Reisezeit dauert von Mitte Januar bis Ende Februar. Heiß und stickig: April/Mai. Regenzeit an der Westküste: Mitte Mai bis August, manchmal bis Oktober. An der Ostküste ist es etwa von Mai bis September trocken. Temperaturen an den Küsten um 30 Grad. In Kandy ist es etwas kühler, die Luftfeuchtigkeit erheblich geringer. Im Hochland kann es empfindlich kalt werden. Wenn Sie dort einen längeren Aufenthalt oder Wanderungen planen, sollten Sie unbedingt eine warme Jacke mitnehmen. Auch ein Regenschutz ist nicht verkehrt, denn in den Bergen kommt es zu regelmäßigen Niederschlägen.

Mit dem Ende des Bürgerkriegs 2009 hat sich die Sicherheitslage immens verbessert, auch der Osten kann nun problemlos bereist werden. Im Norden werden allerdings die Landminen noch lange ein Problem sein. Auch muss dort mit einer hohen Militärpräsenz gerechnet werden. Bei Reisen in abgelegene Gebiete sollten Sie vorab die Empfehlungen der Auswärtigen Ämter zu lesen. Ansonsten gehört Sri Lanka zu den sicheren Reiseländern in den Tropen. Überfälle auf Touristen sind so gut wie noch nie vorgekommen, eher schon Taschendiebstähle und kleine Betrügereien. Ursache sind zuweilen naive Urlauber, die sich von Schleppern alles Mögliche andrehen lassen. Ein wirklich schlimmes Kapitel sind hingegen die kriminellen Machenschaften der Päderasten, die leider auch in Sri Lanka ihr Unwesen treiben. Bislang sind sie kaum davon abgeschreckt worden, dass ihre Verbrechen auch in Deutschland geahndet werden, egal, wo sie begangen wurden; Infos dazu unter *www.ecpat.de*.

230–240 Volt; Adapter sollten ins Reisegepäck, da an den Wänden allerlei Vari-

WETTER IN COLOMBO

	Jan.	Feb.	März	April	Mai	Juni	Juli	Aug.	Sept.	Okt.	Nov.	Dez.
Tagestemperaturen in °C	30	31	31	31	30	30	29	29	30	29	29	30
Nachttemperaturen in °C	22	22	23	24	25	25	25	25	25	24	23	22
Sonnenschein Stunden/Tag	8	9	8	7	6	5	6	6	6	7	7	8
Niederschlag Tage/Monat	10	6	11	17	23	22	16	14	17	22	20	12
Wassertemperaturen in °C	27	27	28	28	29	29	28	27	27	28	27	27

anten zu finden sind. Sehr verbreitet sind die englischen Steckdosen für Stecker mit drei flachen Stiften.

TELEFON & HANDY

Vielerorts gibt es Telefonläden und Internetcafés, die internationale Telefonate für ein paar Cents vermitteln. Achten Sie auf die Großbuchstaben ISD/IDD. Vorwahl Sri Lanka 0094; Vorwahl Deutschland 0049, Österreich 0043, Schweiz 0041. Der Einsatz von Handys und iPhones ist fast überall unproblematisch, im Bergland hingegen gibt es viele und große Funklöcher. Achtung: Zusatzkosten für aus dem Ausland auf dem Handy ankommende Gespräche müssen vom Handyinhaber bezahlt werden. Bereits am Flughafen und in vielen Handy-Geschäften können Vieltelefonierer gegen Vorlage einer Reisepasskopie für wenig Geld eine lokale SIM-Karte erwerben. Empfehlenswert sind die Unternehmen *Dialog* und *Mobitel*.

Händler in Pettah

THREE-WHEELER

Taxis sind eher selten anzutreffen, dafür sind die beliebten Motordreiräder (*Trishaws, Three-Wheeler* oder, nur von den Touristen, *Tuk-Tuks* genannt) allgegenwärtig. Preise vor Fahrtantritt aushandeln. Fragen Sie Hotelportiers oder andere vertrauenswürdige Einheimische, was die Fahrt ungefähr kosten darf. Seien Sie vorsichtig, wenn die Fahrer tolle Tipps bezüglich Geschäften und Unterkünften parat haben. Da geht es ihnen meist nur um eines: die teilweise saftige Provision zu kassieren.

TRINKGELD

Es ist allgemein üblich, Trinkgeld zu geben. Kofferträger erhalten etwa 50 bis 100 Rps., Taxifahrer bekommen höchstens 50 Rps. In Restaurants sind, je nach Zufriedenheit mit dem Service, maximal 10 Prozent des Rechnungsbetrags angebracht.

ZEIT

Der Zeitunterschied beträgt 4,5 Stunden (wenn es in Deutschland 12 Uhr ist, ist es in Sri Lanka 16.30 Uhr), während unserer Sommerzeit 3,5 Stunden.

ZOLL

Zollfrei nach Sri Lanka einführen darf man u. a. 200 Zigaretten, zwei Flaschen Wein und 1,5 l Spirituosen. Erlaubte Ausfuhr von Tee aus Sri Lanka: max. 7 kg (3 kg zollfrei). Nicht erlaubt ist die Ein- oder Ausfuhr von Antiquitäten, Schildpatt, Elfenbein, Waffen und Drogen. Bei Rückkehr in die Europäische Union dürfen Sie unter anderem 200 Zigaretten oder 250 g Tabak, 4 l Wein, 16 l Bier und sonstige Waren im Wert von 430 Euro zollfrei mitführen. Näheres erfahren Sie unter *www.zoll.de*

SPRACHFÜHRER ENGLISCH

AUSSPRACHE

Zur Erleichterung der Aussprache sind alle englischen Wörter mit einer einfachen Aussprache (in eckigen Klammern) versehen. Folgende Zeichen sind Sonderzeichen:

θ	hartes [s] (gesprochen mit Zungenspitze an der oberen Zahnreihe, zischend)
D	weiches [s] (gesprochen mit Zungenspitze an der oberen Zahnreihe, summend)
'	nachfolgende Silbe wird betont
ə	angedeutetes [e] (wie in „Bitte")

AUF EINEN BLICK

ja/nein/vielleicht	yes [jäs]/no [nəu]/maybe [mäibi]
bitte/danke	please [plihs]/thank you [θänkju]
Entschuldige!	Sorry! [Sori]
Entschuldigen Sie!	Excuse me! [Iks'kjuhs mi]
Darf ich ...?	May I ...? [mäi ai ...?]
Wie bitte?	Pardon? ['pahdn?]
Ich möchte .../Haben Sie ...?	I would like to ...[ai wudd 'laik tə ...]/ Have you got ...? ['Həw ju got ...?]
Wie viel kostet ...?	How much is ...? ['hau matsch is ...]
Das gefällt mir (nicht).	I (don't) like this. [Ai (dəunt) laik Dis]
gut/schlecht	good [gud]/bad [bäd]
offen/geschlossen	open ['oupän]/closed ['klousd]
kaputt/funktioniert nicht	broken ['brəukən]/doesn't work ['dasənd wörk]
Hilfe!/Achtung!/Vorsicht!	Help! [hälp]/ Caution! ['koschən]

BEGRÜSSUNG & ABSCHIED

Guten Morgen!/Tag!	Good morning! [gud 'mohning]/ afternoon! [aftə'nuhn]
Gute(n) Abend!/Nacht!	Good evening! [gud 'ihwning]/night! [nait]
Hallo!/Auf Wiedersehen!	Hello! [hə'ləu]/Goodbye! [gud'bai]
Tschüss!	Bye! [bai]
Ich heiße ...	My name is ... [mai näim is ...]
Wie heißen Sie/heißt Du?	What's your name? [wots jur näim?]
Ich komme aus ...	I'm from ... [Aim from ...]

Do you speak English?

„Sprichst du Englisch?" Dieser Sprachführer hilft Ihnen, die wichtigsten Wörter und Sätze auf Englisch zu sagen

DATUMS- & ZEITANGABEN

Montag/Dienstag	monday ['mandäi]/tuesday ['tjuhsdäi]
Mittwoch/Donnerstag	wednesday ['wänsdäi]/thursday ['θöhsdäi]
Freitag/Samstag	friday ['fraidäi]/saturday ['sätərdäi]
Sonntag/Werktag	sunday ['sandäi]/weekday ['wihkdäi]
Feiertag	holiday ['holidäi]
heute/morgen/gestern	today [tə'däi]/tomorrow [tə'morəu]/yesterday ['jästədäi]
Stunde/Minute	hour ['auər]/minutes ['minəts]
Tag/Nacht/Woche	day [däi]/night [nait]/week [wihk]
Wie viel Uhr ist es?	What time is it? [wot 'taim is it?]
Es ist drei Uhr.	It's three o'clock. [its θrih əklok]

UNTERWEGS

links/rechts	left [läft]/right [rait]
geradeaus/zurück	straight ahead [streit ə'hät]/back [bäk]
nah/weit	near [niə]/far [fahr]
Eingang/Einfahrt	entrance ['äntrənts]/driveway ['draifwäi]
Ausgang/Ausfahrt	exit [ägsit]/exit [ägsit]
Abfahrt/Abflug/Ankunft	departure [dih'pahtschə]/departure [dih'pahtschə]/arrival [ə'raiwəl]
Darf ich Sie fotografieren?	May I take a picture of you? [mäi ai täik ə 'piktscha of ju?]
Wo ist ...?/Wo sind ...?	Where is ...? ['weə is...?]/Where are ...? ['weə ahr ...?]
Toiletten/Damen/Herren	toilets ['toilət] (auch: restrooms [restruhms])/ladies ['läidihs]/gentlemen ['dschäntlmən]
Bus/Straßenbahn	bus [bas]/tram [träm]
Bahnhof/Hafen	(train) station [(träin) stäischən]/harbour [hahbə]
Flughafen	airport ['eəpohrt]
Fahrplan/Fahrschein	schedule ['skädjuhl]/ticket ['tikət]
Zug/Gleis	train [träin]/track [träk]
einfach/hin und zurück	single ['singəl]/return [ri'törn]
Ich möchte ... mieten.	I would like to rent ... [Ai wud laik tə ränt ...]
ein Auto/ein Fahrrad	a car [ə kahr]/a bicycle [ə 'baisikl]

ESSEN & TRINKEN

Reservieren Sie uns bitte für heute Abend einen Tisch für vier Personen.	Could you please book a table for tonight for four? [kudd juh 'plihs buck ə 'täibəl for tunait for fohr?]
Die Speisekarte, bitte.	The menue, please. [Də 'mänjuh plihs]

Könnte ich bitte ... haben?	May I have ...? [mäi ai häw ...?]
Messer/Gabel/Löffel	knife [naif]/fork [fohrk]/spoon [spuhn]
Salz/Pfeffer/Zucker	salt [sohlt]/pepper ['päppə]/sugar ['schuggə]
Rechnung/Quittung	invoice ['inwois]/receipt [ri'ssiht]

EINKAUFEN

Wo finde ich ...?	Where can I find ...? [weə kän ai faind ...?]
Ich möchte .../Ich suche ...	I would like to ... [ai wudd laik tu]/I'm looking for ... [aim luckin foə]
Apotheke/Drogerie	pharmacy ['farməssi]/chemist ['kemist]
Bäckerei/Markt	bakery ['bäikəri]/market ['mahkit]
Lebensmittelgeschäft	grocery ['grəuscheri]
teuer/billig/Preis	expensive [iks'pänsif]/cheap [tschihp]/price [prais]
mehr/weniger	more [mor]/less [läss]

ÜBERNACHTEN

| Ich habe ein Zimmer reserviert. | I have booked a room. [ai häw buckt ə ruhm] |

SINGHALESISCH

Ja./Nein.	Ou./Nä.	ඔව්/ නෑ!
Bitte./Danke.	Karunaakärä./Istuti.	කරුණාකර./ ඉස්තුති.
Entschuldigung!	Samaawennä!	සමා වෙන්න!
Guten Tag!/	Subä dawäsak!/	සුබ දවසක්!/
Guten Abend!	subä sandhyaawak!	සුබ සන්ධ්‍යාවක්!
Auf Wiedersehen!	Näwätä hamuwemu! (auch: Aayubowan!)	නැවත හමුවෙමු! (ආයුබෝවන්!)
Ich heiße ...	Magé namä ...	මගේ නම...
Ich komme aus ...	Magé ratä ...	මගේ රට...
... Deutschland.	... Dscharmaniyä.	... ජර්මනිය.
... Österreich./	... Ostriyaawä./	... ඕස්ට්‍රියාව./
Schweiz.	Switzerlantayä.	ස්විට්සර්ලන්තය.
Ich verstehe Sie nicht.	Matä teerenee nää.	මට තේරෙන්නේ නෑ.
Wie viel kostet es?	Gaanä kiyädä?	ගාණ කීයද?
Bitte, wo ist ...?	Samaawennä, ... kohedä?	සමා වෙන්න, ... කොහේද?

1	ekä	එක	5	pahä	පහ	9	namäyä	නමය
2	dekä	දෙක	6	hayä	හය	10	dahayä	දහය
3	tunä	තුන	7	hatä	හත	20	wissä	විස්ස
4	hatärä	හතර	8	atä	අට	100	siiyä	සිය

Haben Sie noch …?	Do you have any … left? [du ju häf änni … läft?]
Einzelzimmer	single room ['singəl ruhm]
Doppelzimmer	double room ['dabbəl ruhm]
	(Bei zwei Einzelbetten: twin room ['twinn ruhm])
Dusche/Bad	shower ['schauər]/bath [bahθ]
Balkon/Terrasse	balcony ['bälkəni]/terrace ['tärräs]
Schlüssel/Zimmerkarte	key [ki]/room card ['ruhm kahd]

BANKEN & GELD

Bank/Geldautomat	bank [bänk]/ATM [äi ti äm]/cash machine ['käschməschin]
Ich möchte … Euro wechseln.	I'd like to change … Euro. [aid laik tu tschäindsch … iuhro]
bar/ec-Karte/Kreditkarte	cash [käsch]/ATM card [äi ti äm kahrd]/credit card [krädit kahrd]
Wechselgeld	change [tschäindsch]

TELEKOMMUNIKATION & MEDIEN

Ich suche eine Prepaid-karte.	I'm looking for a prepaid card. [aim 'lucking fohr ə 'pripäid kahd]
Computer/Batterie/Akku	computer [komp'jutə]/battery ['bättəri]/recharge-able battery [ri'tschahdschəbəl 'bättəri]
At-Zeichen („Klammeraffe")	at symbol [ät 'simbəl]
Internetanschluss/WLAN	internet connection ['internet kə'näktschən]/Wifi [waifai] (auch: Wireless LAN ['waərläss lan])
E-Mail/Datei/ausdrucken	email ['imäil]/file [fail]/ print [print]

ZAHLEN

0	zero ['sirou]	18	eighteen [äi'tihn]
1	one [wan]	19	nineteen [nain'tihn]
2	two [tuh]	20	twenty ['twänti]
3	three [θri]	21	twenty-one ['twänti 'wan]
4	four [fohr]	30	thirty [θör'ti]
5	five [faiw]	40	fourty [fohr'ti]
6	six [siks]	50	fifty [fif'ti]
7	seven ['säwən]	60	sixty [siks'ti]
8	eight [äit]	70	seventy ['säwənti]
9	nine [nain]	80	eighty ['äiti]
10	ten [tän]	90	ninety ['nainti]
11	eleven [i'läwn]	100	(one) hundred [('wan) 'handrəd]
12	twelve [twälw]	200	two hundred ['tuh 'handrəd]
13	thirteen [θör'tihn]	1000	(one) thousand [('wan) θausənd]
16	sixteen [siks'tihn]	1/2	a/one half [ə/wan 'hahf]
17	seventeen ['säwəntihn]	1/4	a/one quarter [ə/wan 'kwohtə]

REISEATLAS

A B C

1 10 km

Palk Strait

Jaffna Pen

Naguleswarm
Shiva Kovil
Keerimalai
Senthankulam
Tellippalai
Vasavilan
Palali
Valalai
Udupp
Archchuveli
Dutch Churc
Puttur
Neervely
Kopai
Sarasalai
Kaitadi

Naguleswarm

Karaitivu
Moolai
Chankanai
B73
Chittankeni
Manippay
Karainagar
B70
Chunnakam
Tholagatty
Rosarian
Ashram
B71

Valvettittu
Kanke-
santurai

Pandattarippu

Hammenhiel Fort
Vaddukoddai
Kalapoomy
Arali
Urumpiram

Eluvaitivu
Kayts
Karampan
B74
Anaicoddai
Navatkuli
Kandaswamy
Kovil

Uruneli Fort
Narantanai
Saravanai
JAFFNA
Dutch Fort
Velanai
Archaeologicial
Museum

Analaitivu
Analaitivu

2 *Nainativu*
Nainativu
Iruppiddi
B72
Allaippiddi
Mandaitivu
Mandaitivu
A32
35

*Nagadipa
Vihara*
*Naga Pooshani
Ammal Kovil*
Punkudutivu
Suruvil
*Kayts
(Velanai)*
Kalmunai
Kavutarimu

Delft Channel
Punkudutivu

Periyaturai
Wettu Kulam
Maveliturai
Vediresan Koddai
Delft
(Neduntivu)

St. Anthony
Palaitivu

3 *Kakerativu*

Paiavi
Nawalad

Devil's Point
Ponnayeli
Valappadu
Veravil
Chunnavil
Kiranchi
Pallav

P a l k   B a y

Erumaitivu
Kakkativu

Iranaitivu North
Kumulamunai

Iranaitivu South

4 86
Vellankulam

Mundampiddi
Kurunt

Dhanushkodi
Iluppaikkadavai
Kalliyadi
Attimoddai

Talaimannar
A14
37
Pesalai
Mannar Island
A32
Vidattaltivu
Pallamadu

5 Nadukkuda
Erukkulampiddi
*Periyan
Nay Aru*

Toddaveli
Malivadi
Mannar
Tirukketisvaram
Ruins
Mantota
Adampan
Adankulam

Vankalai Reef
Taladi
Thirukesvaram
Puliantivu
Vankalai
Uyilankulam
Giant's Tank

6 *G u l f   o f   M a n n a r*
Manalkulam
Murunkan
A14
Nanaddan
Arippu
Kovitkulam
43

132

130

A

130

1

Vankalai Reef

Gulf of Mannar

10 km

2

Arrippu Reef

Silavatturai

Pearl Banks
Silavatturai Reef

Cheval Bank

3

Kudremalai Point

Kaaradumunai

Portugal Bay

Karaitivu

Bar Reef Marine Sanctuary

Bar Reef
Dutch Bay Point

4

Karuwalakuda
Ippantivu

Dutch Bay

Kirimundal

St. Peter's
Kerk

Oddaka-
Erumativu

Kalpitiya
Dutch Bay
Mattutivu
Ambanttativu Pullupiddi
Samativadi

Kandakuli

Karaitivu

Pullupiddi

Udayurputi
Nagamadu

5

Talawila
St. Anna

Palakkudah

Karadipuval

Puttalam

Lagoon

Andankani

Monatiwu

Nuraicholai

6

Mampuri

Palavi

Tetapolai

136

Perukkuwattan

Madurankoli

Mangalaveli

B

Mannar

Malivadi

Tirukketisvaram
Ruins
Mantota

Taladi
Puliantivu

Adampan
Thirukesvaram

Vankalai
Manalkulam

Nanaddan

Aripppu

Veppankulam

Kondaichchi

Karadikkuli

Mullikkulam

Marichchukkaddi

Pallugaturai

Pomparippu
Stone Age Grave Yard
Mulakandaveli
Gate

Periya
Arichchal

Aruvakalu

Illavankulam

Periyanagvillu

Puliyankulam

Vannativillu

Nagamadu

Karadipuval

Tabbow

Sellankandal

Kalladi

Puttalam
(3)

Murukkuwatawana

Kottukachchiya

A3

132

C

Nay Aru
Periya

50

Adankulam

Uyilankulam

Giant's Tank
Giant's Tank Sanctuary
Murunkan

A14

43

Kovitkulam

16

Pannawedduvan

Aruvi Aru

Parayanlan

Periyakunchukkulan

30

Kal Aru

Wilpattu

Gate

Modaragam Aru

National

Mardanmaduwa

Park

15

Amba

Wan Ela

Main Gate
Hun

Noch

Kala Oya

Thimbiriwewa
Maragahawewa

Kala Oya

Tumbu

Pahala
Puliyankulama

Palugassegama
Warawewa

A12

77

Solay Wewa

Kumbukwewa

Galawewa

Tabbow Wewa

Karuwalagaswewa

27

Mannen Oya

Navagattegama

Mahanan

Tammannawetiya

Kollankulama

Maha Uswewa
Maha Uswewa

16

Mi Oya

A10

160

Tonigala

Anamaduwa

Bakmiw
Kumbukwewa

D   **E**   **F**

1

10 km

L A N K Ā
N K A I

2

B a y   *o f*

3

B e n g a l

14
Tiriyai
6
Kuchchaveli
Chamalan Kulam
Periya Karachchi
22
Kumpurupiddi
Irrakkakandi
Pigeon Island Sanctuary
Pigeon Island
Sinna-Karachchi
Nilaveli

4

Jawela
Pankulam
A12
Sampaltivu
Sempadu
Uppuveli
Kanniyai
Kanniyai Hot Springs
158
Vayiriuttu
Koneswaram Kovil
Swami Rock (Lover's Leap)
130
13
TRINCOMALEE
(TRINCO) (30)
Mora Wewa
Reservoir
Trincomalee Headworks
213
Sanctuary
A6
Tambalagam Bay
Tampalakamam
Vannatital
28
Kinniyai
Tamaraivillu
China Bay
Fort Ostenburg
Elephant Island
Shell Bay
Foul
Koddiyar Bay
Round Island
Sampur
Villu Kulam
Ilakkantai
Wreck of Hermes

5

Pottanai
227
Tinneriveli
Mutur
Kaddaiparichchan
Ilakkantan Kulam
Kantale
Potankadu
Per Aru
Uppu Aru
A15
Toppu
Mahawali Ganga
Periyavel Kulam
Palattadichchenai
Kankuveli
Kiliveddi
Seruwawilla
Dagoba
Allai Tank
Malaimuntai
Ullackale Lagoon
36

6

E a s t e r n
Somapura
Sunkankuli
Ichchilampattai
Somawathie Chaitiya National Park
Wadigawewa
Vellai
Beruval Aru
Verugal
135
139
79
Kathiraveli

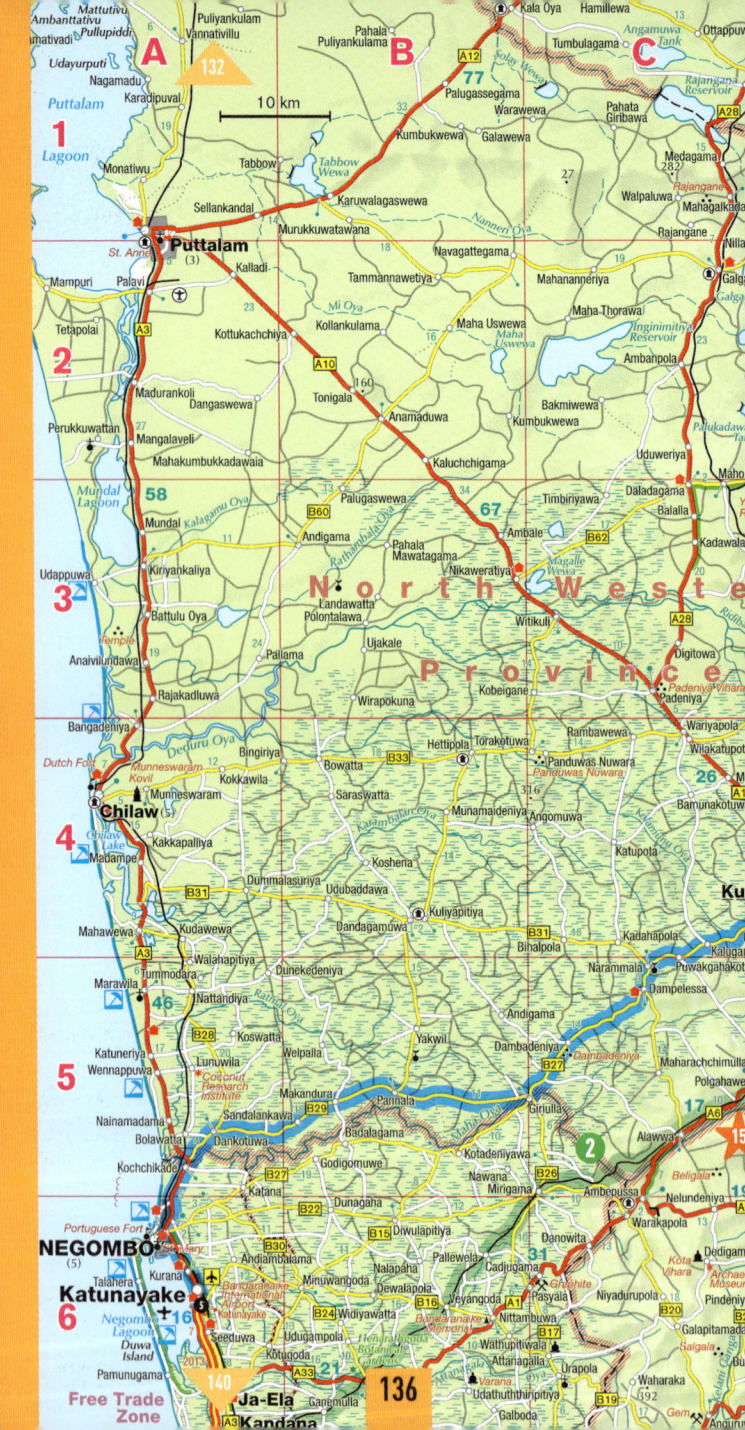

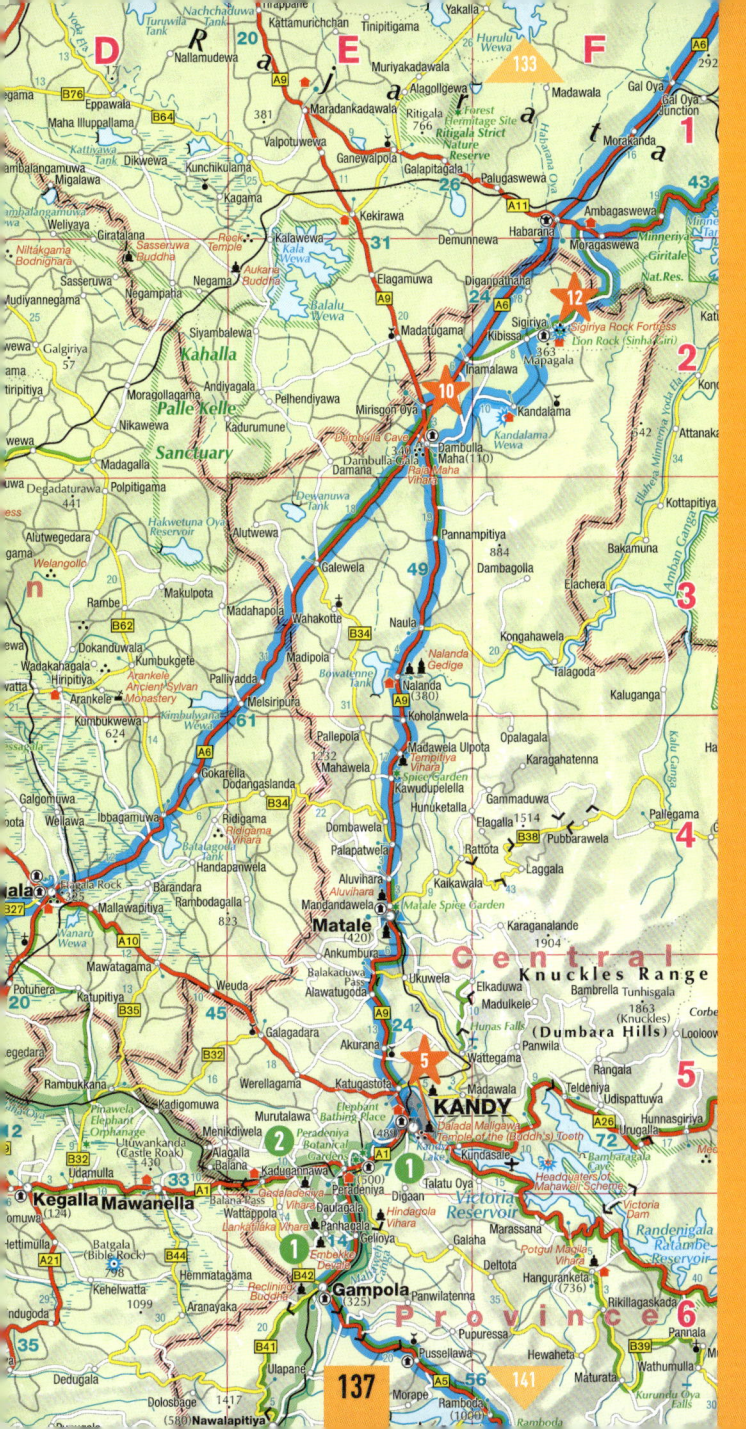

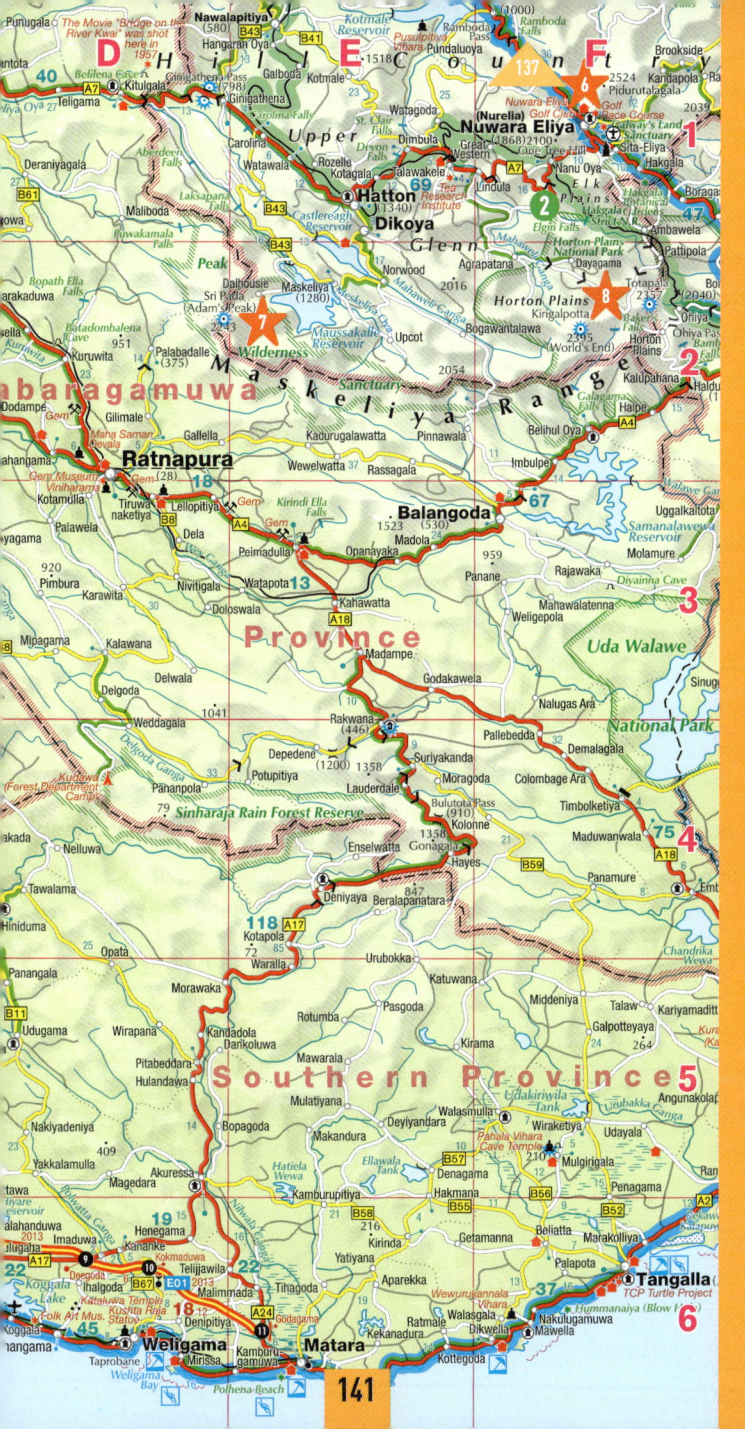

D

National Park
Baduluwela

Jayanthi Wewa

A25 Wadinagala

Ambalam Oya
Reservoir · Thottama

E

Pannela Oya 224

Ambalam Oya

139

Sakamam

Sakamam Sanctuary
Sakamam
Kulam

Perya
Kalapuwa

F

Tirrukkovil

Wreck

Pannelagama
Tank

58

Buddama

Kotagoda

Govinda Hela
(Westminster Abbey)
558

Weragoda

Mirahala

Kumbukgolla

Kandanketiya

Kodayana

1

49

67

Komari

Dambagalla

Obbegoda

Galebadda

A4

Liyangolla

1111

37

Wattumbegoda

455

Siyambalanduwa

Hulanuge

Karandu Oya

20

Magama

35

A4

Lahugala-Kitulana
National Park

Kaladi
Kalapuwa

Rofa
Kulam

Arugam
Bay

Lahugala
Tank

Lahugala

Magul Maha
Vihara

Sengamuwa

15

Pottuvil

2

Monaragala
(74)

381

Ethimale

Heda Oya

266

Raddella

20

Wattegama

Wila Oya

339

Kotiyagalla

Wedagama

Panama Kalapuwa

Panama

48

goda Vihara

Mailla

250

Dombagahawela

Wedagama
Wewa

Panama
Wewa

18

Panakala Kalapuwa

Solambe Kalapuwa

Kunukala Kalapuwa

Okandawara Bay

3

450

Kumbukkan Oya

Wessigewela

14

Kudumbi-Gala
Sanctuary

Okanda

Kirigalla Bay

Mahawelatota

Bakme Wewa

Kumana
(Yala-East)
National Park

Kumana
Wewa

Bagura-Kalapuwa

Marescaux Rocks

Andarakala Kalapuwa

Itikala Kalapuwa

Yakkala Kalapuwa

356

250

4

305

Athurumithuru
Wewa

Kumana

4

Yala West (Ruhuna) National Park

Diraga Ara

Kurunde Ara

Menik Ganga

Mandagala
Tank

ama
Site

a Devala
ragama

Main
Entrance

eak)

Katagamuwa

Sithulpahuwa

Yala

160

Patanangala

Little Basses Reef

Wreck

5

agulmaha
Vihara

10

19

Buthawa

Wreck

Wreck

Main Gate

alatupana

latupana
lewa

Palatupanagoda
Kalapuwa

Wreck

orha Rock

Rock

Wreck

Great Basses Reef

I N D I A N   O C E A N

10 km

6

143

KARTENLEGENDE

Autobahn mit Anschlussstellen
Motorway with junctions

Autobahn in Bau
Motorway under construction

Mautstelle
Toll station

Raststätte mit Übernachtung
Roadside restaurant and hotel

Raststätte
Roadside restaurant

Tankstelle
Filling-station

Autobahnähnliche Schnell-
straße mit Anschlussstellen
Dual carriage-way with
motorway characteristics
with junction

Fernverkehrsstraße
Trunk road

Durchgangsstraße
Thoroughfare

Wichtige Hauptstraße
Important main road

Hauptstraße
Main road

Nebenstraße
Secondary road

Eisenbahn
Railway

Autozug-Terminal
Car-loading terminal

Zahnradbahn
Mountain railway

Kabinenschwebebahn
Aerial cableway

Eisenbahnfähre
Railway ferry

Autofähre
Car ferry

Schifffahrtslinie
Shipping route

Landschaftlich besonders
schöne Strecke
Route with
beautiful scenery

Alleenstr.   Touristenstraße
Tourist route

XI–V   Wintersperre
Closure in winter

Straße für Kfz gesperrt
× × × × ×   Road closed to motor traffic

8%   Bedeutende Steigungen
Important gradients

Für Wohnwagen nicht
empfehlenswert
Not recommended
for caravans

Für Wohnwagen gesperrt
Closed for caravans

Besonders schöner Ausblick
Important panoramic view

Wartenstein   Sehenswert: Kultur - Natur
Umbalfälle   Of interest: culture - nature

Badestrand
Bathing beach

Nationalpark, Naturpark
National park, nature park

Sperrgebiet
Prohibited area

Kirche
Church

Kloster
Monastery

Schloss, Burg
Palace, castle

Moschee
Mosque

Ruinen
Ruins

Leuchtturm
Lighthouse

Turm
Tower

Höhle
Cave

Ausgrabungsstätte
Archaeological excavation

Jugendherberge
Youth hostel

Allein stehendes Hotel
Isolated hotel

Berghütte
Refuge

Campingplatz
Camping site

Flughafen
Airport

Regionalflughafen
Regional airport

Flugplatz
Airfield

Staatsgrenze
National boundary

Verwaltungsgrenze
Administrative boundary

Grenzkontrollstelle
Check-point

Grenzkontrollstelle mit
Beschränkung
Check-point with
restrictions

ROMA   Hauptstadt
Capital

VENEZIA   Verwaltungssitz
Seat of the administration

Ausflüge & Touren
Trips & Tours

Perfekte Route
Perfect route

MARCO POLO Highlight
MARCO POLO Highlight

ALLE **MARCO POLO** REISEFÜHRER

DEUTSCHLAND

Allgäu
Bayerischer Wald
Berlin
Bodensee
Chiemgau/
  Berchtesgadener
  Land
Dresden/
  Sächsische
  Schweiz
Düsseldorf
Eifel
Erzgebirge/
  Vogtland
Föhr/Amrum
Franken
Frankfurt
Hamburg
Harz
Heidelberg
Köln
Lausitz/
  Spreewald/
  Zittauer Gebirge
Leipzig
Lüneburger Heide/
  Wendland
Mecklenburgische
  Seenplatte
Mosel
München
Nordseeküste
  Schleswig-
  Holstein
Oberbayern
Ostfriesische Inseln
Ostfriesland/
  Nordseeküste
Niedersachsen/
  Helgoland
Ostseeküste
  Mecklenburg-
  Vorpommern
Ostseeküste
  Schleswig-
  Holstein
Pfalz
Potsdam
Rheingau/
  Wiesbaden
Rügen/Hiddensee/
  Stralsund
Ruhrgebiet
Sauerland
Schwarzwald
Stuttgart
Sylt
Thüringen
Usedom
Weimar

**ÖSTERREICH
SCHWEIZ**

Berner Oberland/
  Bern
Kärnten
Österreich
Salzburger Land
Schweiz

Steiermark
Tessin
Tirol
Wien
Zürich

FRANKREICH

Bretagne
Burgund
Côte d'Azur/
  Monaco
Elsass
Frankreich
Französische
  Atlantikküste
Korsika
Languedoc-
  Roussillon
Loire-Tal
Nizza/Antibes/
  Cannes/Monaco
Normandie
Paris
Provence

**ITALIEN
MALTA**

Apulien
Dolomiten
Elba/Toskanischer
  Archipel
Emilia-Romagna
Florenz
Gardasee
Golf von Neapel
Ischia
Italien
Italienische Adria
Italien Nord
Italien Süd
Kalabrien
Ligurien/Cinque
  Terre
Mailand/
  Lombardei
Malta/Gozo
Oberital. Seen
Piemont/Turin
Rom
Sardinien
Sizilien/Liparische
  Inseln
Südtirol
Toskana
Umbrien
Venedig
Venetien/Friaul

**SPANIEN
PORTUGAL**

Algarve
Andalusien
Barcelona
Baskenland/
  Bilbao
Costa Blanca
Costa Brava
Costa del Sol/
  Granada

Fuerteventura
Gran Canaria
Ibiza/Formentera
Jakobsweg/
  Spanien
La Gomera/
  El Hierro
Lanzarote
La Palma
Lissabon
Madeira
Madrid
Mallorca
Menorca
Portugal
Spanien
Teneriffa

NORDEUROPA

Bornholm
Dänemark
Finnland
Island
Kopenhagen
Norwegen
Oslo
Schweden
Stockholm
Südschweden

**WESTEUROPA
BENELUX**

Amsterdam
Brüssel
Cornwall und
  Südengland
Dublin
Edinburgh
England
Flandern
Irland
Kanalinseln
London
Luxemburg
Niederlande
Niederländische
  Küste
Schottland

OSTEUROPA

Baltikum
Budapest
Danzig
Krakau
Masurische Seen
Moskau
Plattensee
Polen
Polnische
  Ostseeküste/
  Danzig
Prag
Slowakei
St. Petersburg
Tallinn
Tschechien
Ukraine
Ungarn
Warschau

SÜDOSTEUROPA

Bulgarien
Bulgarische
  Schwarzmeer-
  küste
Kroatische Küste/
  Dalmatien
Kroatische Küste/
  Istrien/Kvarner
Montenegro
Rumänien
Slowenien

**GRIECHENLAND
TÜRKEI
ZYPERN**

Athen
Chalkidiki/
  Thessaloniki
Griechenland
  Festland
Griechische Inseln/
  Ägäis
Istanbul
Korfu
Kos
Kreta
Peloponnes
Rhodos
Samos
Santorin
Türkei
Türkische Südküste
Türkische Westküste
Zákinthos/Itháki/
  Kefaloniá/Léfkas
Zypern

NORDAMERIKA

Alaska
Chicago und
  die Großen Seen
Florida
Hawai´i
Kalifornien
Kanada
Kanada Ost
Kanada West
Las Vegas
Los Angeles
New York
San Francisco
USA
USA Ost
USA Südstaaten/
  New Orleans
USA Südwest
USA West
Washington D.C.

**MITTEL- UND
SÜDAMERIKA**

Argentinien
Brasilien
Chile
Costa Rica
Dominikanische
  Republik

Jamaika
Karibik/
  Große Antillen
Karibik/
  Kleine Antillen
Kuba
Mexiko
Peru/Bolivien
Venezuela
Yucatán

**AFRIKA UND
VORDERER
ORIENT**

Ägypten
Djerba/
  Südtunesien
Dubai
Israel
Jordanien
Kapstadt/
  Wine Lands/
  Garden Route
Kapverdische
  Inseln
Kenia
Marokko
Namibia
Rotes Meer/Sinai
Südafrika
Tansania/
  Sansibar
Tunesien
Vereinigte
  Arabische
  Emirate

ASIEN

Bali/Lombok/Gilis
Bangkok
China
Hongkong/Macau
Indien
Indien/Der Süden
Japan
Kambodscha
Ko Samui/
  Ko Phangan
Krabi/Ko Phi Phi/
  Ko Lanta
Malaysia
Nepal
Peking
Philippinen
Phuket
Shanghai
Singapur
Sri Lanka
Thailand
Tokio
Vietnam

**INDISCHER OZEAN
UND PAZIFIK**

Australien
Malediven
Mauritius
Neuseeland
Seychellen

REGISTER

Hier finden Sie alle in diesem Reiseführer erwähnten Orte und Ausflugsziele, wichtige Sachbegriffe und Personen. Gefettete Seitenzahlen verweisen auf den Haupteintrag.

SCHREIBEN SIE UNS!

SMS-Hotline: 0163 6 39 50 20

Egal, was Ihnen Tolles im Urlaub begegnet oder Ihnen auf der Seele brennt, lassen Sie es uns wissen! Ob Lob, Kritik oder Ihr ganz persönlicher Tipp – die MARCO POLO Redaktion freut sich auf Ihre Infos.
Wir setzen alles dran, Ihnen möglichst aktuelle Informationen mit auf die Reise zu geben. Dennoch schleichen sich manchmal Fehler ein – trotz gründ-

E-Mail: info@marcopolo.de

licher Recherche unserer Autoren/innen. Sie haben sicherlich Verständnis, dass der Verlag dafür keine Haftung übernehmen kann. Kontaktieren Sie uns per SMS, E-Mail oder Post!

MARCO POLO Redaktion
MAIRDUMONT
Postfach 31 51
73751 Ostfildern

IMPRESSUM

Titelbild: Fischer bei Negombo, vario images/RHPL

Fotos: ©iStockphoto.com: microgen (16 u.), webphotographee (17 o.); AOD (17 u.); DuMont Bildarchiv: Kiedrowski/Schwarz (51, 68, 108); Getty Images: Flickr (Dhammika Heenpella/The Images of Sri Lanka) (98), Getty Images: Flickr (Poorfish) (3 u., 96/97); Huber: Damm (2 M. u., 12/13, 46/47, 102), Picture Finders (5, 29), Ribani (128/129); V. Janicke (48, 111, 113); H. Jennerich (Klappe r.); G. Jung (83); Laif: Bibel (59), Eisermann (Klappe l., 2 M. o., 3 o., 3 M., 24/25, 32/33, 72, 74/75, 88/89, 117), Emmler (28, 30 r., 34, 55, 71, 90, 100/101, 106/107), Matthes (84); H. Lange (22, 110/111, 116 u.); Look: Acquadro (2 o., 4, 15); K. Maeritz (2 u., 18/19, 36/37, 60/61, 104, 112, 112/113); Heiko Marquardt, frischefotos Berlin (1 u.); mauritius images: age (30 l., 52, 57), Baumgärtner (26 r.), ib (Allgöwer) (9), ib (Tack) (58), Mattes (6), Pacific Stock (26 l.), Rosenfeld (27), Schön (10/11, 62), Torino (8); MIA (16 M.); PhotoPress: JBE (41, 42, 86); B. Schiller (123); THE KULU SAFARI COMPANY (16 o.); M. Thomas (7, 20, 38, 45, 64, 66, 76, 78, 80, 93, 95, 110, 116 o.)

11. Auflage 2014
Komplett überarbeitet und neu gestaltet
© MAIRDUMONT GmbH & Co. KG, Ostfildern
Chefredaktion: Marion Zorn
Autor: Bernd Schiller, Bearbeiter: Martin H. Petrich, Redaktion: Cordula Natusch
Verlagsredaktion: Ann-Katrin Kutzner, Nikolai Michaelis
Bildredaktion: Gabriele Forst, Iris Kaczmarczyk
Im Trend: wunder media, München
Kartografie Reiseatlas: © MAIRDUMONT, Ostfildern; Kartografie Faltkarte: © MAIRDUMONT, Ostfildern
Innengestaltung: milchhof:atelier, Berlin; Titel, S. 1, Titel Faltkarte: factor product münchen
Sprachführer: in Zusammenarbeit mit Ernst Klett Sprachen GmbH, Stuttgart, Redaktion PONS Wörterbücher

BLOSS NICHT ☝

Was Sie in Sri Lanka vermeiden sollten und wo Sie aufpassen müssen

NACKT ODER OBEN OHNE (SONNEN-)BADEN

Barbusige Frauen (und erst recht nackte Menschen beiderlei Geschlechts) passen nicht zur Kultur des Landes. Auch das Tragen von T-Shirts ohne BH oder von Hotpants ist unangebracht. Verletzen Sie nicht die Sitten und das Schamgefühl der Einheimischen.

JEDEN PREIS ZAHLEN

Sri Lanker wissen, dass auch Touristen feilschen, und setzen die Preise sicherheitshalber noch höher an. Dagegen hilft nur eines: nie vergessen, dass das durchschnittliche Einkommen kaum 200 Euro im Monat überschreitet, dass ein durchschnittliches Einheimischenmenü etwa 3 Euro kostet und 15 km in der Motorrikscha 4 Euro.

AUF BEACH BOYS HEREINFALLEN

Den meisten Strandwanderern sind sie einfach nur lästig. Aber manche Urlauberinnen finden die selbstbewussten, ewig lächelnden jungen Männer charmant. Aber: Die hartnäckigen Dampfplauderer wollen vor allem Ihr Geld! Am besten ignorieren Sie sie und weisen sie freundlich, aber bestimmt ab.

LAUT WERDEN

Singhalesen und Tamilen sprechen leise und lächeln häufig. Sie können nicht verstehen, dass ihre Gäste mit Schreien und heftiger Gestik etwas erreichen wollen.

KINDER ZU BETTLERN ERZIEHEN

Auch wenn die Dorfkinder beim Fotostopp Ihr Herz rühren: Werfen Sie nicht mit Bonbons oder Geld um sich. Geben Sie Kugelschreiber oder Buntstifte lieber (via Reiseleiter oder Fahrer) Lehrern oder Institutionen. Helfen Sie mit, damit Kinder wegen dieses einträglicheren Nebenerwerbs nicht die Schule schwänzen und dann später zu Bettlern werden. Unterstützen Sie besser ein lokales Hilfsprojekt.

RELIGIÖSE GEFÜHLE VERLETZEN

Das kann unabsichtlich geschehen, etwa beim Fotografieren. Wenn überhaupt, sollte mit einer zurückhaltenden Geste „gefragt" werden. Angemessene Kleidung an heiligen Plätzen (dazu zählen auch die Ruinen in Polonnaruwa oder Anuradhapura) versteht sich von selbst. In Tempeln müssen Arme und Beine bedeckt sein; keine Kopfbedeckung, barfuß! Und bitte stellen Sie sich nie neben Buddhafiguren, und lassen Sie sich so fotografieren. Das ist strafbar!

CHILI MIT WASSER LÖSCHEN

Falls das scharfe Curry-Gericht Ihren Mund in einen Feuerofen verwandelt, dann sollten Sie nicht gleich zur Wasserflasche oder dem Getränk greifen. Am besten lindern Sie den Brennschmerz mit Reis oder Brot und nehmen dann neutrale Speisen zu sich. Und schon bald ist wieder alles heil.